Christine Domann

Wie fängt man mit dem Reiten an?

Eine Einführung (nicht nur) für erwachsene Reitanfänger

Blueberry Productions

Domann, Christine
Wie fängt man mit dem Reiten an?
Eine Einführung (nicht nur) für erwachsene Reitanfänger

ISBN 978-1494456627
Auflage 01/2014

Layout und Satz: Blueberry Productions
Fotos: B. Rumpelt
Umschlaggestaltung: Blueberry Productions
Druck: Amazon Distribution GmbH, Leipzig

Printed in Germany

Inhaltsverzeichnis

Vorwort

Erwachsene Reitanfänger? Wieso speziell Erwachsene, gibt es denn einen Unterschied? Ja, den gibt es. Kinder gehen meist unvoreingenommen an Pferde und Reiten heran. Erwachsene dagegen haben bereits mehr Lebenserfahrung, der jugendliche Übermut ist ebenso verschwunden, wie sich die Unbekümmertheit in Luft aufgelöst hat. Das ist völlig normal.

In vielen konventionellen Ställen wird leider noch immer oft nach Schema F unterrichtet. Reitanfänger durchlaufen ein bestimmtes Programm, mit dem Ziel, sie möglichst schnell fit für die Abteilung zu machen. Denn dort verdient der Betreiber sein Geld. Generationen von Reitschülern haben so reiten gelernt. Oder eben auch nicht, weil sie frustriert wieder aufgegeben haben.

Zum Glück ändern sich die Zeiten und immer mehr Reitlehrer erkennen, dass eine individuelle Betreuung der Reitschüler nicht verwerflich ist. Jeder Mensch lernt auf seine eigene Weise, hat sein eigenes Lerntempo und ist unterschiedlich talentiert. Einer benötigt konkrete Anweisungen, dem anderen ist mit Bildern im Kopf besser gedient. Aufgabe des Reitlehrers ist es, das zu erkennen und den für den Schüler sinnvollsten Weg zu finden, ihm die nötigen Kenntnisse zu vermitteln. Ohne ihn dabei zu überfordern und zu entmutigen.

Was sie von diesem Buch nicht erwarten sollten, ist eine Reitlehre im eigentlichen Sinn. Es gibt bereits genug Bücher, die die nötigen Hilfen, Übungen und Wege zeigen, die der Reiter kennen sollte, um sich dem Pferd verständlich zu machen. Wenn sie sich auf das Abenteuer Reiten einlassen und die ersten Schritte hinter sich haben, ist solch ein Buch eine sinnvolle Investition.

Dieses Buch hingegen will ihnen einige grundlegende Informationen über Pferde und das Reitenlernen geben. Es soll ihnen zeigen, wie sie einen geeigneten Stall und Reitlehrer erkennen können. Es soll ihnen ebenso zeigen, was nicht akzeptabel ist, denn wenn sie erst mit dem Reiten beginnen, können sie das noch nicht wissen. Es soll ihnen ein Ratgeber auf dem Weg in ein unbekanntes Abenteuer sein, auf das sie sich einlassen wollen.

Sie haben sich das schönste Hobby der Welt ausgesucht. Verderben sie sich den Einstieg nicht oder lassen sich davon abhalten, weil sie aus Unkenntnis einen falschen Weg gewählt haben.

Einleitung

Wer träumt nicht schon seit Kindertagen davon: auf einem Pferd mit wehender Mähne über ein Stoppelfeld galoppieren oder mit dem durch nichts zu erschütternden Kumpel durch den Wald streifen. Oder die beeindruckenden Hindernisse zu überwinden, die man im Fernsehen bei Springprüfungen sieht – na gut, sie müssen vielleicht nicht ganz so hoch sein. Und erst diese Dressurreiter! Die sitzen wie festgeklebt auf dem Pferd, das die schwierigsten Lektionen offenbar wie von allein vorführt.

Kleinen Mädchen sagt man nach, von Pferden magisch angezogen zu werden. Irgendwas muss da wohl dran sein. Zu besichtigen ist das in den Reitställen, wo sie deutlich in der Überzahl sind, mit dem Ergebnis, dass sich Jungen dort rar machen, weil sie dort kaum Freunde finden, mit denen sie die Freizeit verbringen können. Umso erstaunlicher ist es allerdings, dass eben diese Jungen die Reitställe mit Eintritt der Pubertät nicht stürmen, denn wo sonst kann man ungezwungen so viele Mädchen kennenlernen.

Nun gibt es aber eine wachsende Anzahl von Menschen, die als Kind nicht die Möglichkeit hatten, Reiten zu lernen. Vielleicht reichten die Mittel oder das Verständnis der Eltern nicht, es war kein Stall in der Nähe, oder die ersten Versuche waren entmutigend. Nun sind sie also erwachsen. Und der Wunsch, sich endlich den Traum zu erfüllen, wird stärker. Sie sind nun in der glücklichen Lage, sich Reitstunden leisten zu können.

Aber sie sind auch unsicher. Wie finden sie einen guten Reitstall, und mindestens genauso wichtig, einen guten Reitlehrer? Der sie nicht auslacht, weil sie doch etwas Angst haben vor diesen großen Tieren. Dieses Buch soll ihnen einen Überblick vermitteln, worauf sie achten sollten. Und ihnen den Anfang etwas leichter machen. Denn sie ahnen es sicher schon, es ist nicht so einfach wie es manchmal aussieht, das Pferd das machen zu lassen, was man will. Der Weg dorthin ist lang und anstrengend. Aber seien sie versichert, es lohnt sich.

Bestandsaufnahme

Etwas Geschichte

Die Reitkunst reicht viele Jahrhunderte zurück. Es gab im Laufe der Zeit hervorragende Reitmeister, deren Schriften noch heute als Vorbild dienen. Es gab mindestens genauso viele Irrwege und Auswüchse, die heute noch Entsetzen oder im besten Fall Belustigung hervorrufen. Die heute bei uns hauptsächlich praktizierte Reitweise, fälschlicherweise oft als „Englischreiten" bezeichnet, geht auf das Militär im 20sten Jahrhundert zurück. Dort benötigte man gehorsame Pferde, die möglichst lange gesund blieben, und von jedem Reiter geritten werden konnten. Voraussetzung dafür war eine einheitliche Ausbildung von Pferd und Reiter. Das Pferd musste in die Lage versetzt werden, den Reiter und seine Ausrüstung zu tragen, ohne Schaden zu nehmen. Dazu ist das Pferd von Natur aus nicht bestimmt. Die Ausbildung zielte also darauf ab, das Pferd bestmöglich in die Lage zu versetzen, diese Aufgabe zu erfüllen, möglichst ohne körperlichen Schaden zu nehmen. Das klingt nicht besonders romantisch, die Methode hat sich jedoch bewährt und wird noch heute gelehrt.

Im vorigen Jahrhundert, bis in die 70er, 80er Jahre hinein, war Reiten ein elitärer Sport. Er war teuer und zeitintensiv, daher konnten sich nicht viele Menschen ein Pferd leisten. Reitlehrer waren oft von der Sorte Feldwebel, sie waren schon 100 Meter vor der Reithalle nicht zu überhören, und ihr Unterricht beschränkte sich oft auf Kommandos. Erklärungen des Warum, Wieso und Weshalb waren eher unüblich, auch das ein Überbleibsel vom Militär. Wer so gut reiten lernte, hatte entweder das seltene Glück, einen wahren Reitmeister zu finden, der seine Kunst auch verständlich weitergeben konnte, oder er hatte so viel Talent oder Einfühlungsvermögen, trotz der fehlenden Erklärungen ein Gefühl für das Reiten zu bekommen.

Die Pferde waren im Gegensatz zu heute oft noch grobschlächtiger und schwerer. Hätte man damals im Zusammenhang mit einem Pferd den Begriff Sitzkomfort benutzt, mit dem Pferde heute sogar beworben werden, man wäre schallend ausgelacht worden.

Seit den 80er Jahren des vorigen Jahrhunderts hat sich das Bild gewandelt. Die Zucht hat immer feinere Pferde hervorgebracht, die gezielt für den hauptsächlich gewünschten Verwendungszweck gezüchtet werden, meist Dressur oder Springen.

Das hatte auch zur Folge, dass das Nervenkostüm vieler Pferde dünner wurde. Während ein Profi ein sensibles Pferd natürlich schätzt, wird ein Anfänger damit völlig überfordert sein und Angst bekommen.

Natürlich gibt es auch heute noch viele Pferde, die durch nichts aus der Ruhe zu bringen sind. Wenn sie dann noch gut ausgebildet sind, können sie für den relativen Anfänger als Lehrpferd unschätzbare Dienste leisten. Leider sind diese Perlen aber selten zu finden. Daher gibt es für den Reiter auch nicht das richtige Pferd. Je nach Können, Ambitionen und eigenem Charakter kann ein und dasselbe Pferd für den einen Reiter ein Hauptgewinn, für den anderen dagegen ein Albtraum sein. Umso wichtiger ist gerade am Anfang für den noch unerfahrenen Reiter ein guter Reitlehrer, der das Können und die Bedürfnisse seines Schülers einschätzen kann und das richtige Pferd für ihn auswählt. Beides zu finden ist nicht einfach.

Reiten lernen

Organisation des Pferdesports in Deutschland

Deutschland ist bekanntlich das Land der Vereine. Und geregelt haben die Deutschen auch schon immer alles ganz genau. Sie ahnen sicher schon, woraus das hinausläuft: auch der Pferdesport ist hier bis ins kleinste Detail geregelt. Das kann man gut finden oder auch nicht. Zumindest sollte man sich einen Überblick verschaffen, was alles geregelt ist und in welcher Form. Daher folgt hier ein kurzer Überblick.

Zunächst gibt es in Deutschland eine Deutsche Reiterliche Vereinigung, kurz FN genannt. Das ist die Abkürzung für die Internationale Bezeichnung Fédération Equestre Nationale. Diese Vereinigung ist der Dachverband für alle Sparten und Verbände der Reiterei und Pferdezucht in Deutschland und darüber hinaus mit weit über einer dreiviertel Million Mitgliedern der siebentgrößte Sportverband Deutschlands. Er fördert und reglementiert den Leistungs-, Freizeit- und Breitensport und ist für die Belange Pferdezucht und -haltung, Tier- und Naturschutz, Landschaftspflege und die Pflege des Kulturgutes Pferd zuständig.

Ein Auszug aus dem Portrait, mit dem sich die FN vorstellt:

Die Deutsche Reiterliche Vereinigung ist zuständig für alle Fragen, die direkt oder indirekt mit dem Pferd, seiner Zucht, Haltung und Ausrüstung, seiner Ausbildung und Nutzung durch den Menschen zu tun haben. Sie entwickelt und koordiniert die Maßnahmen der Reiter, Fahrer und Züchter, Pferdebesitzer und Veranstalter, Vereine und Verbände, die sich mit diesen Fragen befassen. In diesem Zusammenhang verfasst die FN einheitliche Richtlinien, Regelwerke und Bestimmungen wie z. B. eine Ausbildungs- und Prüfungsordnung (APO), Leistungsprüfungsordnung (LPO) oder eine den tierzuchtrechtlichen Bestimmungen entsprechenden Zuchtverbandsordnung (ZVO).

Sie interessiert hauptsächlich der Freizeit- und Breitensport, denn sie wollen ja nicht gleich bei Olympia starten. Interessant ist in diesem Zusammenhang die Regelung der Ausbildung im Pferdesport, sowohl der Lehrenden (Reitlehrer) als auch der Lernenden (also sie). Und natürlich die Ausbildung des Pferdes, denn auf dem wollen sie ja reiten.

Sie erinnern sich: Das Militär hat im vergangenen Jahrhundert eine einheitliche Ausbildung der Pferde praktiziert, damit diese möglichst keinen Schaden nahmen durch unsachgemäße Beanspruchung. Auch die Reiter wurden einer solchen Ausbildung unterzogen, damit sie die Pferde ebenso sachgemäß reiten und mit ihnen umgehen konnten. Die FN hat auf der Basis dieser jahrhundertelangen Erfahrung ein Ausbildungssystem geschaffen, nach dem heute gelehrt wird und das international anerkannt ist.

Die FN fungiert sozusagen als Qualitätskontrolle. Sie überprüft die angeschlossenen Reitbetriebe auf die Einhaltung von Mindeststandards bezüglich Haltung der Pferde und Ausbildung von Pferd und Reiter. Sie bildet Fachkräfte im Pferdebereich nach einheitlichen Richtlinien aus.

Was wollen sie?

Zunächst sollten sie sich als angehender Reitschüler überlegen, was sie möchten. Ist ihr Ziel ein gemütlicher Ausritt im Gelände, ist der Ehrgeiz groß, über Hindernisse zu fliegen, oder wollen sie den bewunderten Dressurreitern nacheifern? Natürlich schließt das eine das andere nicht aus. Warum sollte der Dressurreiter mit seinem Pferd nicht einen Ausritt genießen? Und wenn das Bummeln im Gelände nicht mehr ausreicht, spricht nichts dagegen, es vielleicht einmal mit dem Springen zu versuchen. Für den Anfang ist es aber sinnvoll, sich klarzumachen, was man zunächst erreichen möchte.

Nichtsdestotrotz sollte aber jeder Reiter eine möglichst vielseitige Grundausbildung anstreben. Dazu gehören die Grundlagen von Dressur und Springen und auch des Geländereitens. Natürlich müssen sie nicht über hohe Hindernisse jagen können, nur weil sie mit ihrem Pferd gemütlich im Gelände bummeln wollen. Aber wenn das Pferd mal einen großen Satz macht, ist es hilfreich, den auch aussitzen zu können, ohne gleich herunterzufallen. Und das ist einfacher, wenn sie es schon vorher geübt haben. Für den Dressurreiter gilt dasselbe. Und auch der Springreiter sollte schon wissen, wie man ein Pferd ordentlich gymnastiziert, denn er möchte es ja nicht „kaputtreiten“. Da helfen nur die Grundlagen der Dressur. Sie sehen, es hat alles irgendwie miteinander zu tun.

Die schlechte Nachricht zuerst: Reiten lernen ist anstrengend. Und es dauert ein Leben lang. Kein Reiter lernt je aus, und wer behauptet, alles zu können oder zu wissen, der lügt.

Die gute Nachricht: man kann es lernen und es kann Spaß machen. Wenn der Weg das Ziel ist, dann kann daraus ein erfüllendes und schönes Hobby werden.

Ethische Grundsätze

Klarmachen sollte man sich auch folgendes: Als Reiter hat man die Verantwortung für ein Lebewesen. Egal wie groß, klein, freundlich, störrisch, ob es sich um ein exzellent ausgebildetes oder ein verrittenes Pferd handelt: man ist dafür verantwortlich. Die FN hat unter diesem Aspekt eine Reihe von ethischen Grundsätzen aufgestellt, mit denen der angehende Reiter sich auseinandersetzen sollte:

- Wer auch immer sich mit dem Pferd beschäftigt, übernimmt die Verantwortung für das ihm anvertraute Lebewesen.
- Die Haltung des Pferdes muss seinen natürlichen Bedürfnissen angepasst sein.
- Der physischen wie psychischen Gesundheit des Pferdes ist unabhängig von seiner Nutzung oberste Bedeutung einzuräumen.
- Der Mensch hat jedes Pferd gleich zu achten, unabhängig von dessen Rasse, Alter und Geschlecht sowie Einsatz in Zucht, Freizeit oder Sport.
- Das Wissen um die Geschichte des Pferdes, um seine Bedürfnisse sowie die Kenntnisse im Umgang mit dem Pferd sind kulturgeschichtliche Güter. Diese gilt es zu wahren und zu vermitteln und nachfolgenden Generationen zu überliefern.
- Der Umgang mit dem Pferd hat eine persönlichkeitsprägende Bedeutung gerade für junge Menschen. Diese Bedeutung ist stets zu beachten und zu fördern.
- Der Mensch, der gemeinsam mit dem Pferd Sport betreibt, hat sich und das ihm anvertraute Pferd einer Ausbildung zu unterziehen. Ziel jeder Ausbildung ist die größtmögliche Harmonie zwischen Mensch und Pferd.
- Die Nutzung des Pferdes im Leistungs- sowie im allgemeinen Reit-, Fahr- und Voltigiersport muss sich an seiner Veranlagung, seinem Leistungsvermögen und seiner Leistungsbereitschaft orientieren. Die Beeinflussung des Leistungsvermögens durch medikamentöse sowie nicht pferdegerechte Einwirkung des Menschen ist abzulehnen und muss geahndet werden.
- Die Verantwortung des Menschen für das ihm anvertraute Pferd erstreckt sich auch auf das Lebensende des Pferdes. Dieser Verantwortung muss der Mensch stets im Sinne des Pferdes gerecht werden.

Der Reiter sollte sich also verpflichtet fühlen, das Pferd in die Lage zu versetzen, den Reiter zu tragen, ohne Schaden zu nehmen. Was sich wie eine Selbstverständlichkeit anhört, ist es leider nicht. Es bedeutet nämlich, das Pferd regelmäßig so zu gymnastizieren, damit es eben keinen Schaden nimmt. Auch wenn der Reiter eigentlich „nur" ausreiten will, denn auch dabei muss ihn das Pferd ja tragen. Das artet in Arbeit aus, die der Reiter vielleicht nicht auf sich nehmen will oder aufgrund mangelnden Könnens (noch) nicht leisten kann. Dann ist er gut beraten, dies durch einen anderen Reiter sicherstellen zu lassen. Üblicherweise wird er den Reitlehrer damit beauftragen, das nennt sich dann das Pferd in Beritt geben.

Aber sie machen den zweiten Schritt nicht vor dem ersten. Sie wollen ja erst noch Reiten lernen und kaufen sich vernünftigerweise nicht einfach gleich irgendein Pferd. Sie suchen sich zuerst eine Reitschule, um dort die Grundbegriffe des Reitens und den Umgang mit dem Pferd zu erlernen.

Wo finde ich eine Reitschule

Es gibt zwei verschiedene Arten von Reitställen: solche, die nur Pferde von privaten Eigentümern einstellen, und solche, die Schulunterricht anbieten. Erstere haben zwar auch Reitlehrer, doch wird man ihnen dort kein Pferd für den Unterricht zur Verfügung stellen können. Und das brauchen sie, sonst können sie ja nicht reiten lernen.

Bitte denken sie bei Schulunterricht nicht an die klassische Methode des Frontalunterrichts aus ihrer Schulzeit. Natürlich stehen die Reitschüler nicht mit den Pferden in Reih und Glied vor dem Reitlehrer und lassen sich belehren.

Die verbreitetste Art des Schulunterrichts ist bekannt als „Abteilungsreiten". Dabei reiten mehrere Reitschüler hintereinander her, diese Gruppe nennt man Abteilung. Der erste Reiter ist meist der erfahrenste, und da Pferde Herdentiere sind und sich gern einem Leittier anschließen (sprich hinterherlaufen), ist das für einen noch unerfahrenen Reiter oft angenehm. Wenn das Pferd aber einfach nur hinterherläuft, sind die Einwirkungsmöglichkeiten des Reiters meist begrenzt und damit auch der Lerneffekt.

Eine andere Möglichkeit ist das „Durcheinanderreiten". Hier erhalten mehrere Reitschüler in der Halle oder dem Reitplatz gemeinsam Unterricht, reiten aber selbstständig umher. Das setzt schon mehr Kontrolle über das Pferd voraus und ist gar nicht so einfach wie es scheint. Nicht nur muss man das Pferd unter Kontrolle haben, man muss auch noch die „Verkehrsregeln" beachten. Denn wenn jeder so reitet wie es ihm gefällt, sind Unfälle wie auf der Straße die Folge. Ach ja, und dann will noch der Reitlehrer, dass man seine Korrekturen in die Tat umsetzt, sonst würde man ja keinen Unterricht nehmen.

Eine Alternative zum Gruppenunterricht ist der Einzelunterricht. Der Reitlehrer kümmert sich dabei ausschließlich um einen einzigen Reitschüler. Diese Intensivbetreuung ist natürlich kostenintensiver als eine Stunde in der Gruppe. Und sehr viel anstrengender, denn man ist dabei unter ständiger Beobachtung. Aber der Lerneffekt ist dafür umso größer.

Sie suchen also einen Reitstall, der Schulunterricht anbietet. Dieser Stall hat nicht nur Reitlehrer, vielleicht sogar mehrere zur Auswahl, sondern auch Pferde, die man den Schülern für die Reitstunde zur Verfügung stellt.

Vielleicht kennen sie bereits einen solchen Stall in ihrer Gegend, oder sie schauen in die Gelben Seiten, wo es Ställe gibt. Auch im Internet lassen sich einzelne Ställe in ihrer Gegend finden, oft gibt es auch Verzeichnisse, wo eine Liste oder sogar weitere Informationen für eine bestimmte Region angeboten werden. Oder sie lassen sich einen Stall empfehlen, wenn sie bereits reitende Freunde, Kollegen oder Bekannte haben. Bevor sie nun aber voller Begeisterung zum Telefon greifen und ihre erste Reitstunde buchen, sollten sie den Stall besuchen.

Was ist eine gute Reitschule

Lassen sie sich nicht vom ersten Eindruck täuschen. Der nagelneue Stall mit der riesigen Halle und dem gemütlichen Reiterstübchen mag auf sie einen sympathischen Eindruck machen. Viel wichtiger aber ist, ob sich die Pferde dort ebenfalls wohlfühlen können. Denn auf denen wollen sie ja reiten lernen. Und auf einem grantigen, unzufriedenen Pferd, das womöglich noch nach ihnen schnappt, oder durch die Halle buckelt, weil es sich anders keine Bewegung verschaffen kann, werden sie höchstens lernen, Angst vor dem Reiten zu bekommen.

Worauf sollten sie also achten? Beginnen wir mit den formalen Kriterien.

Kriterien der FN, des Tierschutzes (=>APO)

Interessant ist für sie, was die Reitschule ihren Kunden an Ausbildung anbietet. Werfen sie einen Blick auf das schwarze Brett. Werden spezielle Kurse oder Lehrgänge angeboten? Der Basispass Pferdekunde zum Beispiel. Dafür braucht man nicht einmal Reiten können, denn hier sind Grundkenntnisse in Umgang und Haltung mit dem Pferd gefragt. Für die Kinder gibt es erste Motivationsabzeichen, wie das kleine und große Hufeisen.

Bei den verschiedenen Stufen des Reitabzeichens werden nicht nur theoretische Kenntnisse in Umgang und Haltung, sondern auch praktische Fähigkeiten in Dressur und Springen auf unterschiedlichem Niveau gefordert. Für diese Abzeichen werden Vorbereitungskurse angeboten, in denen das nötige Wissen vermittelt wird, und zum Abschluss wird eine Prüfung vor einem Richter abgelegt.

Werden Lehrgänge in Dressur und Springen angeboten? Oft finden diese an einem Wochenende statt, und es wird ein erfahrener Ausbilder von außerhalb dazu eingeladen, um mit den Teilnehmern intensiv zu üben.

Natürlich sollen sie nicht sofort alle möglichen Kurse belegen, sie müssen es weder jetzt noch später. Aber es ist ein guter Anhaltspunkt für sie, ob der Stall sich intensiv um die Ausbildung seiner Kunden bemüht und nach den Kriterien der FN lehrt.

Weiter geht es mit den wichtigsten Teilnehmern, den Pferden. Pferde sind bekanntlich Herdentiere, die in der freien Natur lange Strecken in meist langsamem Tempo zurücklegen. Es ist also nicht ideal, wenn die Pferde in engen Boxen stehen und nur zum Reiten in der Halle dürfen. Stellen sie sich vor, sie wären im Gefängnis in einer $6m^2$ großen Zelle und dürften täglich nur eine Stunde auf den Hof. Dort sollen sie dann mal schnell die Zeit joggend verbringen und werden danach wieder in die Zelle gesperrt. Wie fit oder auch nur zufrieden wären sie wohl?

Hat der Stall Koppeln oder zumindest große Ausläufe, in denen die Pferde täglich, möglichst zusammen mit anderen Pferden, die frische Luft genießen und sich frei bewegen können? Wenn er das hat, sollten sie fragen ob alle Pferde dort raus dürfen. Denn oft dürfen das nur die Pferde der privaten Besitzer, während die Schulpferde das Nachsehen haben und in der Box bleiben müssen.

Hat jedes Schulpferd eigenes Putzzeug? Lachen sie nicht, das ist leider nicht selbstverständlich. Pferde zu unterhalten ist teuer, und Schulpferde nicht billiger. Da spart mancher wo es geht. Den Pferden mag es egal sein, aber besonders hygienisch ist es nicht. Sie benutzen ja auch nicht die Haarbürste ihres Nachbarn.

Schauen sie, wie die Boxen aussehen. Wenn das Pferd auf eine dicke Matratze klettern muss, und die Box stinkt, suchen sie besser einen anderen Stall. Die sogenannte Matratzenstreu war früher weit verbreitet. Sie ist nicht per se schlecht, denn eine gute Matratze ist sauber und trocken. Leider ist sie selten zu finden, denn sie erfordert viel Aufwand und Pflege. Meist werden aber nur die Pferdeäpfel aus der Box geholt, dazu noch halbherzig ein wenig nasses Stroh, und dann wird etwas frisches Stroh drüber gestreut. Das Ergebnis ist eine mehr oder weniger dicke, feuchte Matratze, die meist unangenehm nach Ammoniak stinkt. Ammoniak ist bekanntlich nicht gut für die Lungen, weder ihre noch die des Pferdes, das dort den größten Teil des Tages zubringen muss. Aber erwarten sie bitte auch nicht, dass die Boxen aussehen wie ein frisch gedeckter Apfelkuchen. Pferde äppeln nun mal öfter und eine Toilette besuchen sie auch nicht. Wenn sie also einen großen Teil des Tages in ihrer Box verbringen, so wird diese nicht aussehen wie ein Ausstellungsstück. Es mag tatsächlich einige exklusive Ställe geben, in denen das der Fall ist, in denen werden sie aber nicht Reiten lernen.

Machen die Pferde einen gepflegten Eindruck? Schulpferde sind nicht immer so schick wie der tolle Dressurcrack hinten im Stall. Der ist sicher optimal durchtrainiert, hat pralle Muskeln und eine tolle Ausstrahlung, das Fell glänzt und wenn er durch die Halle trabt, geht ein Raunen durchs Publikum. Aber auf dem hätten sie garantiert keine Freude, höchstens Angst, weil sie keine Ahnung hätten, was sie mit ihm machen sollten. Und vermutlich hätte er auch keine Geduld mit ihnen.

Ein Schulpferd sollte nicht verhungert aussehen. Wenn sie schon aus 10 Metern Entfernung die Rippen zählen können, ist das nicht gut. Ein Vollblüter wird zwar nie so rund aussehen wie ein Pony, aber ohne etwas Erfahrung, die sie vermutlich noch nicht haben, können sie ihn wahrscheinlich nicht von einem Warmblut unterscheiden, das meist etwas fülliger wirkt. Auch ältere Pferde sehen manchmal etwas eingefallen aus, obwohl sie vielleicht noch gut in Form sind und Freude an ihrer Arbeit haben. Fragen sie im Zweifel ruhig nach.

Wenn das Pferd täglich in Gesellschaft auf die Koppel darf, sind ein paar kleine(!) Kratzer dagegen noch kein Grund zur Panik. Pferde gehen nicht immer zimperlich miteinander um, und wenn es eine Auseinandersetzung gibt, dann wird schon einmal zugebissen oder getreten. Solange die Wunde nur oberflächlich und nicht dort ist, wo der Sattel liegt, oder ein Riemen darauf scheuern könnte, ist das meist kein Problem. Sind die Wunden größer, sehen nicht gut versorgt aus oder eitern sogar? Treten Blessuren bei vielen Pferden auf oder haben einzelne Tiere viele Verletzungen? Schalten sie ihren gesunden Menschenverstand ein, damit liegen sie meist richtig.

Sind die Pferde freundlich? Ein Schulpferd, das jeden angiftet, der sich seiner Box nähert, ist nicht gerade vertrauenserweckend. Es hat vermutlich auch keine Freude an seinem Job.

Werfen sie einen Blick auf das Sattelzeug. Alte, abgewetzte Sättel sind nicht schlecht. Im Gegenteil, auf ihnen kann man oft besser sitzen lernen, als auf vielen neueren Modellen, wo die Sitzfläche eine tiefe Kuhle bildet und dicke Pauschen an den Seiten das Bein fixieren. Diese Sättel werden auch spöttisch orthopädische Sitzhilfen genannt, klemmen sie doch auch einen schlechten Reiter derart ein, dass dieser gezwungenermaßen ruhig sitzt. Das mag bequem sein, ordentlich auf dem Pferd sitzen lernt man so allerdings nicht.

Das Leder der Sättel und Trensen sollte nicht brüchig sein, das kann gefährlich werden. Stellen sie sich vor ihnen reißt im Galopp ein Bügelriemen oder der Zügel. Und das vielleicht noch auf freiem Feld. Keine sehr angenehme Vorstellung. Also fassen sie das Sattelzeug ruhig an, um sich ein Bild zu machen.

Das ist übrigens grundsätzlich eine gute Idee. Natürlich können sie dem Stallbetreiber vertrauen, dass er darauf achtet. Leider ist das nicht immer der Fall. Wenn sie also mal einen allzu lappigen, gedehnten oder gar angerissenen Riemen bemerken, so bitten sie ohne Scheu um Ersatz. Schließlich sitzen sie auf dem Pferd und nicht der Stallbursche. Sie fühlen sich auch beim Reiten besser, wenn sie nicht ständig daran denken müssen, ob der Riemen wirklich noch hält.

Was für Reitlehrer gibt es

Die Bezeichnung Reitlehrer ist nicht geschützt. In Deutschland kann sich jeder Reitlehrer nennen und unterrichten. Es gibt viele gute Lehrer, die nie bei der FN eine Prüfung abgelegt haben und guten Unterricht anbieten. Und es gibt es noch sehr viel mehr Anbieter, die das leider nicht können, und trotzdem Unterricht geben.

Wer nicht Vereinsmeiern will, kann natürlich auch einfach so seinen Sport ausüben. Sie wollen aber Reiten lernen und haben noch keine, oder zumindest noch keine große Erfahrung. Sie können die Kompetenz eines Reitlehrers noch nicht einschätzen. Daher sind sie gut beraten, zumindest auf eine formale Qualifikation ihres Ausbilders zu achten.

Ein Reitlehrer FN hat während seiner Berufsausbildung (der Ausbildungsberuf nennt sich heute Pferdewirt Schwerpunkt Reiten) unter anderem Unterrichten gelernt. Er hat im Rahmen seiner Ausbildung gelernt, wie man eine Reitstunde aufbaut und wie man den Reitschüler beim Lernen unterstützt. Natürlich hat er auch praktische Kenntnisse im Reiten nachgewiesen. Oft ist er auch aktiver Turnierreiter (gewesen) und kann Erfolge nachweisen. Oder er hat sogar seinen Meister gemacht.

Im Amateurbereich kann man sich als Ausbilder qualifizieren, indem man Kurse bei der FN belegt und mit einer Prüfung eine entsprechende Qualifikation nachweist. Es gibt Trainerassistenten, die den Reitlehrer bei der Basisarbeit unterstützen können. Oder den Trainer C, der sich in die Fachbereiche Breiten- und Leistungssport gliedert. Aufbauend auf diesen Kenntnissen kann man sich als Trainer B qualifizieren oder im weiteren Verlauf den Trainer A erwerben.

Zusätzlich gibt es noch diverse Weiterbildungsangebote der FN, bei denen man seine Kenntnisse auffrischen oder erweitern kann. Meist spezialisieren sich Amateurausbilder auf bestimmte Bereiche, zum Beispiel den Anfängerunterricht oder die spielerische Heranführung kleiner Kinder an das Pferd. Oft sind sie nebenberuflich tätig und gehen tagsüber einer anderen Tätigkeit nach.

Natürlich ist nicht jeder gleich talentiert und es gibt durchaus Ausbilder, die Dinge besser vermitteln können als andere, die sich damit eher etwas schwertun. Es ist auch nicht jeder ein begnadeter Redner, der die Leute mitreißen und fesseln kann, obwohl er in seinem Fachgebiet äußerst kompetent ist.

Auch lernt jeder Reitschüler anders. Manchem ist mit klaren Anweisungen geholfen, ein anderer versteht eher, was er machen soll, wenn er eine bildliche Beschreibung erhält oder ein Beispiel sieht. Nicht jeder Reitlehrer ist mit allen Methoden gleich gut vertraut. So kann es durchaus sein, dass Schüler und Reitlehrer in manchen Fällen nicht zusammen passen. Deshalb muss der Reitlehrer nicht schlecht oder der Schüler unfähig sein. Probieren sie ruhig einen anderen Reitlehrer, der vielleicht besser auf ihre Bedürfnisse eingehen kann.

Leider viel zu selten wird Theorieunterricht angeboten. Oft findet er nur in Vorbereitungskursen statt, wo dann gezielt die für die Prüfung notwendigen Kenntnisse vermittelt werden. Aber es gibt noch viel mehr, was der interessierte Reiter und Pferdefreund lernen kann und sollte. Gerade was die Grundlagen der Ausbildung angeht, besteht hier oft ein Defizit.

Verständnis für korrektes Reiten wird erreicht, wenn der Reitschüler verstanden hat, warum etwas so und nicht anders gemacht werden soll. Die Grundlagen des Körperbaus und die daraus resultierenden Schlussfolgerungen können interessant sein und dieses Verständnis fördern. Es sind oft komplexe Zusammenhänge, die in der Reitstunde nicht in der notwendigen Ausführlichkeit erklärt werden können, da dort die praktische Übung im Vordergrund steht.

Fragen sie also, ob die Reitschule auch Unterricht in Theorie anbietet. Ideal wäre ein regelmäßiger Termin, an dem alle Interessierten teilnehmen können. Vielleicht gibt es einen Schwerpunkt, die Schüler können Fragen stellen oder ein Thema vorschlagen, zu dem sie ausführlichere Erklärungen möchten.

Das ist wie gesagt die Ausnahme, der überwiegende Teil der Reitschulen und Ställe bietet diesen Unterricht leider nicht an. Als Begründung wird oft angeführt, dass es sich nicht lohnt oder kein Interesse vorhanden ist. Selbstverständlich muss der Reitlehrer ebenso wie für die Reitstunde entlohnt werden, er unterrichtet schließlich und gibt sein Wissen weiter. Wenn sich mehrere Schüler finden, werden sich die Kosten dafür in Grenzen halten, kann diese Gruppe im Gegensatz zur Reitstunde doch gern größer sein.

Was das Interesse betrifft, so sollte man sich durchaus an die eigene Nase fassen. Die wöchentliche Reitstunde, danach das Pferd in die Box stellen und nach Hause gehen – wollen sie das wirklich? Möchten sie dem Pferd nicht gerecht werden, indem sie sich bemühen, sich weiterzubilden? Natürlich ist das Hobby Reiten zeitintensiv. Das haben sie vorher gewusst.

Ist der Unterricht gut

Um es mit Radio Eriwan zu sagen: es kommt darauf an. Diese Frage ist nicht einfach zu beantworten, denn fast jeder versteht darunter etwas anderes. Was dem einen ideal erscheint, mag ein anderer als Zumutung empfinden. Nicht umsonst wird über Reitlehrer getratscht, geschimpft oder sie werden als unfehlbare Gurus dargestellt. Was der Topf Reitschüler braucht, ist der passende Deckel, sprich Reitlehrer.

Ein Reitlehrer sollte grundsätzlich freundlich sein und auf die Bedürfnisse seines Schülers eingehen. Da fängt das Problem schon an. Der Reitanfänger kennt seine Bedürfnisse in Bezug auf das Reiten lernen noch nicht. Wenn der Reitlehrer also nach Schema F unterrichtet und den Schüler in eine Schablone pressen will, in der dieser sich vielleicht gar nicht wohlfühlt, so kann der Schüler das erst mal nicht erkennen. Wenn er noch unsicher ist und ihm Dinge abverlangt werden, die ihm Angst machen, wird er den Spaß am Reiten schnell verlieren.

Auch der Charakter des Reitschülers ist wichtig. Ist er eher draufgängerisch veranlagt, nimmt er gerne Risiken in Kauf? Das ist oft bei Jugendlichen der Fall, besonders bei Jungen. Je älter man wird, desto ängstlicher werden die meisten Menschen. Selbst gestandene Reiter, die schon in ihrer Kindheit im Sattel saßen, geben einige Jahrzehnte später oft zu, dass sie Dinge, die damals selbstverständlich waren, heute nie mehr so machen würden. Bekanntlich gewinnt man mit dem Alter auch an Weisheit, und im Rückblick sieht man vieles anders. Erwachsene denken viel mehr darüber nach, was sie tun, und was alles passieren könnte.

Es sollte daher niemandem peinlich sein, seine Angst zuzugeben. Leider wird dies auch in Reiterkreisen oft immer noch als Schwäche oder gar Feigheit ausgelegt. Lassen sie sich davon nicht beeinflussen, auch wenn es schwerfällt. Auch ihr Reitlehrer kann nur auf ihre Ängste eingehen und ihnen helfen, sie abzubauen, wenn er davon weiß. Sollte er sie abtun oder sich gar darüber lustig machen, dann suchen sie sich besser schleunigst einen anderen, der sie ernst nimmt.

Aber zurück zum eigentlichen Unterricht. Sehen sie sich in mehreren Reitschulen um und nehmen sie sich genug Zeit, um bei einigen Reitstunden zuzusehen. Nicht bei den sogenannten Privatreitern sondern den Schulstunden, idealerweise den Anfängergruppen, denn dort werden sie zunächst auch reiten. Wie viele Schüler sind in der Gruppe? Ist der Umgangston freundlich oder eher rau? Schauen sie gerade am Anfang zu. Hilft man den Anfängern bei Bedarf beim Aufsitzen oder kreiseln einige hilflos mit ihren Pferden um die eigene Achse beim vergeblichen Versuch, das große Tier zu erklimmen? Machen die Schüler einen ängstlichen oder entspannten Eindruck auf sie?

Der Reitlehrer sollte die Schüler unterstützen und erklären, warum sie etwas so und nicht anders machen sollen, statt ausschließlich Kommandos zu geben. Es ist wie bei allen Dingen: wenn man weiß, wo man hin will, und was man machen muss, um dort anzukommen, tut man sich leichter.

Es ist wenig hilfreich, wenn einem Anfänger ständig entgegenschallt „Absatz tief", „gegen den äußeren Zügel treiben", „knicken Sie doch nicht immer in der Hüfte ein" oder „nun setzen Sie sich doch mal hin", der verwirrte Reitschüler aber nicht die geringste Ahnung hat, was das bedeuten soll, und schon gar nicht, was er denn nun eigentlich machen soll. Schließlich sitzt er doch schon im Sattel. Dass er in der Hüfte einknickt merkt er vielleicht noch, aber wie er das verhindern kann weiß er vermutlich nicht, sonst würde er es sicher gern korrigieren. Er versucht ja, den Absatz herunterzudrücken, aber es funktioniert einfach nicht. Und wie in aller Welt treibt man gegen den äußeren Zügel? Der Reitlehrer dagegen ist frustriert, weil auf seine vermeintlichen Korrekturen aus seiner Sicht keine Reaktion erfolgt.

Allerdings ist auch hier wieder Vorsicht geboten. Für einen fortgeschrittenen Reiter sind kleine Hinweise oft hilfreicher, weil er weiß, was gemeint ist. Kennt der Reitlehrer ihn schon gut, reicht zum Beispiel oft der Hinweis „Hand", um den Schüler daran zu erinnern, seine (ihm bekanntermaßen oft falsche) Handhaltung zu korrigieren. Langatmige Erklärungen würden hier die konzentrierte Arbeit eher stören. Ein Anfänger könnte mit dieser Aussage dagegen gar nichts anfangen. Also achten sie auch darauf, um was für Reitschüler es sich handelt. Nehmen sie sich ruhig Zeit und sehen sie unterschiedlichen Reitern beim Unterricht zu. So können sie auch erkennen, ob der Reitlehrer sich auf die Schüler einstellt oder einfach immer dasselbe macht.

Wenn sie sich idealerweise mehrere Ställe und Reitstunden angesehen haben, dann haben sie bestimmt schon Unterschiede festgestellt und einen ersten Eindruck erhalten.

Sprechen sie einen Reitlehrer oder auch mehrere an, deren Unterricht ihnen sympathisch ist, und bitten sie um ein Gespräch. Tragen sie ihr Anliegen vor und fragen sie ihn, wie er vorgehen würde.

Vermutlich erhalten sie die Standardantwort, zuerst einige Stunden an der Longe zu nehmen, und dann in die Anfängerabteilung zu wechseln. Das ist in den meisten Reitställen noch immer so üblich. Das muss nicht falsch und kann für sie genau das Richtige sein. Was aber, wenn sie sich nach den fünf oder zehn Stunden an der Longe immer noch wackelig fühlen und erst nach 20 oder gar 30 Stunden das Vertrauen haben, es allein zu versuchen?

Die Eleven der Wiener Hofreitschule verbringen die ersten zwei Jahre der Ausbildung an der Longe, bevor sie selbstständig reiten dürfen. Danach können sie allerdings tatsächlich sitzen. So weit müssen sie nicht gehen, aber mehr Longenstunden als allgemein üblich werden ihnen nicht schaden. Je länger sie sich nur auf sich selbst statt auch noch auf das Pferd konzentrieren müssen, desto eher bekommen sie ein Gefühl für die Bewegung des Pferdes. Es macht Mühe und kostet Zeit, sich mit einem Reitschüler an der Longe zu beschäftigen. Ist der Stall bereit, in diese nötige Grundausbildung intensiv zu investieren? Das ist nicht immer selbstverständlich.

Wie reagiert der Reitlehrer auf diese Frage? Im idealen Fall ist das für ihn gar kein Problem. Wenn er ihnen dann auch noch sympathisch ist und sein Unterricht ihnen gefallen hat, dann versuchen sie es mit ihm. Wenn er derartiges ausschließt, es für unnötig hält oder sich gar über sie lustig macht, suchen sie woanders weiter.

Bedenken sie auch folgendes: wenn sie nach den Longenstunden als Erwachsener in einer Gruppe Kinder oder Jugendlicher landen, werden sie sich dort wohlfühlen? Diese sind meist noch unbedarfter im Umgang mit Pferden und erst recht im Reiten, das heißt in ihren Augen draufgängerischer. Der Unterricht wird darauf abgestimmt sein. Ist das wirklich das Richtige für sie? Sie benötigen vielleicht mehr Erklärungen oder Zuspruch als dort üblich. Oder ein anderes Lerntempo.

Ideal sind Einzelstunden. Gerade am Anfang, wenn noch alles neu ist und viele Dinge auf sie einstürzen, die verarbeitet werden wollen und sie noch unsicher sind. Eine Longen"stunde" dauert meist nur 30 Minuten, und glauben sie ja nicht, das wäre kurz. Sie werden am Anfang dankbar sein, dass sie nicht länger ist.

Auch eine Einzelstunde muss nicht immer eine volle Stunde dauern, oft werden auch 30 oder 45 Minuten angeboten. Sprechen sie mit dem Reitlehrer, er wird ihnen Auskunft geben können.

Die Suche nach dem richtigen Reitlehrer ist in etwa die nach der Stecknadel im sprichwörtlichen Heuhaufen. Vielleicht werden sie ihn nie finden. Geben sie die Suche trotzdem nicht auf. Und schrauben sie ihre Ansprüche am Anfang nicht zu hoch. Sie wissen noch nicht wirklich, was sie wollen, und haben noch keine Erfahrung. Wenn sie ein gutes Gefühl haben und sich gut betreut fühlen, dann probieren sie es. Wenn sie merken, es klappt nicht, dann versuchen sie es auch mal woanders.

Grundsätzlich sollte ihr Reitlehrer sie und ihre eventuellen Ängste ernst nehmen und sie zu nichts zwingen, was sie (noch) nicht wollen. Wenn sie zum Beispiel auch nach mehreren Stunden an der Longe noch Angst vor dem Galopp haben, so müssen sie nicht galoppieren, nur weil das vielleicht so üblich sein soll. Sie werden nur noch mehr Angst bekommen, sich verkrampfen und vor jedem weiteren Galopp zittern. Das ist weder Sinn noch Zweck der Ausbildung des Reiters. Lassen sie sich nicht einreden, das müsse so sein.

Was kostet das Reiten lernen

Sie haben also verschiedene Reitställe besucht, sich den Unterricht angesehen und mit den Reitlehrern gesprochen. Eigentlich wissen sie schon, wo sie gern reiten möchten. Bliebe da nur noch eine Frage: was kostet der Spaß denn?

Wie schon erwähnt, war Reiten bis vor einigen Jahrzehnten eine Angelegenheit für wenige Menschen. Nicht etwa, weil die besonders viel Zeit dafür gehabt hätten, sondern, sie ahnen es, weil es viel Geld gekostet hat, das nicht jeder aufbringen konnte. Reiten ist teuer und ein Pferd zu unterhalten noch viel teurer. Der einmalige Kaufpreis ist da fast zu vernachlässigen, es sind die laufenden Kosten, die das Pferd zum Luxusgut werden lassen. Auch Reitstallbetreiber, die Unterricht auf ihren Pferden anbieten, müssen ihre Pferde unterhalten. Das ist teuer. Daran hat sich bis heute nicht wirklich viel geändert, auch wenn heute viel mehr Menschen Reiten als früher.

Erwarten sie also nicht eine Reitstunde mit intensiver Betreuung für 10 Euro. Das rechnet sich für den Betreiber nicht mal im hintersten Winkel der Republik, wo seine Kosten sich eventuell in Grenzen halten (ebenso wie die Anzahl der Schüler). Und der Reitlehrer, der sie unterrichtet, macht das auch nicht aus Nächstenliebe, er muss davon leben.

Rechnen wir also mal, was ein Pferd benötigt. Der Hufschmied muss alle 4-6 Wochen kommen, es muss regelmäßig entwurmt und geimpft werden. Auf den Monat umgelegt sind das etwa 50 Euro. Das ist noch sehr bescheiden angesetzt, denn wenn das Pferd zum Beispiel Eisen benötigt, ist das sehr viel teurer. Die Box einschließlich Futter kostet je nach Lage des Stalls vielleicht 250 bis 400 Euro. In einer eher ländlichen Gegend wird man vielleicht etwas Günstiges finden, in der Großstadt oder der näheren Umgebung sind dagegen selbst 400 Euro noch preiswert. Wenn ein Pferd erkrankt, und das passiert leider gelegentlich, muss der Tierarzt kommen. Das ist sehr teuer, denn Pferde sind nicht krankenversichert, und reiten kann man das Tier während dieser Zeit auch nicht.

Gehen wir vom eigentlich nicht existierenden idealen Fall aus, vergessen wir erst mal den Tierarzt und nehmen an, die Gruppenreitstunde kostet 15 Euro. Im günstigsten Fall muss der Betreiber das Pferd pro Monat also 20 bzw. 30 Stunden im Unterricht einsetzen, damit er zumindest seine Kosten decken kann. Dann hat er noch keinen Cent Gewinn gemacht. Von irgendetwas muss er schließlich auch leben. Und dann gibt es da noch den Reitlehrer, der für seine Arbeit bezahlt werden will.

Eine unbescheidene Frage: was verdienen sie denn so etwa der Stunde? Einen qualifizierten Klempner bekommen sie kaum unter 40 Euro pro Stunde vor ihren defekten Wasserhahn und vermutlich berechnet er die Anfahrt noch extra. Und da halten sie 40 oder 50 Euro für eine Reitstunde einschließlich Pferd, für die ihr ebenfalls qualifizierter Reitlehrer sie eine Stunde intensiv betreut, für teuer?

Was braucht man zum Reiten

Für die ersten Stunden benötigen sie zunächst feste Schuhe mit Absatz, die wenn möglich über den Knöchel reichen sollten. Sie sollten möglichst keine Profilsohle haben, damit sie bei einem Sturz leicht aus dem Steigbügel rutschen können. Weiterhin brauchen sie eine Reitkappe, die der gültigen DIN Norm 1384 entspricht.

Die Kappe ist übrigens ein guter Schutz für ihren Kopf, mit dem sie vermutlich unter anderem ihren Lebensunterhalt verdienen. Falls tatsächlich einmal etwas passieren sollte – ein Pferd ist ein Fluchttier und kann immer mal erschrecken – kann sie ihnen im günstigsten Fall einige Tage Kopfschmerzen nach einem Sturz ersparen, und im schlimmsten das Leben retten. Sie fahren doch auch nicht Auto, ohne den Gurt anzulegen. Also ignorieren sie die vielen Reiter, die ihren Kopf offenbar nicht zum Denken (ge)brauchen, und lassen sie sich nicht davon abbringen, mit Kappe zu reiten. Es gibt heute leichte Modelle mit guter Durchlüftung, die wirklich nicht stören. Das sollte ihnen ihre Gesundheit wert sein.

ihre Hose sollte nicht zu weit sein und die inneren Nähte nicht auftragen. Eine Reithose wäre natürlich ideal, ist aber für die ersten Stunden noch nicht zwingend nötig. Oft lässt sich auch eine gebrauchte preiswert erstehen, oder sie fragen im Fachhandel nach einem preiswerten Modell. Einige Fachhändler bieten auch eine komplette Einsteigerausrüstung zu einem relativ günstigen Preis an, fragen sie danach. Von den gelegentlich bei Kaffeeröstern oder Discountern angebotenen Modellen ist abzuraten, wenn ihre Figur nicht an einen Strich in der Landschaft erinnert. Sie werden meist in Asien gefertigt und sind entsprechend schmal geschnitten, leider auch in größeren Größen.

Sinnvoll sind ein Paar Handschuhe. Sie sollten an den richtigen Stellen Verstärkungen aufweisen, damit sie nicht sofort durchscheuern. Für den Anfang reichen einfache Baumwollhandschuhe, die sie im Fachhandel bereits für 3 oder 4 Euro erhalten können. Ohne Handschuhe zu reiten ist keine gute Idee. Viele Reiter schwören, sie hätten mit Handschuhen kein Gefühl in den Fingern. Wie sich das allerdings mit der Hornhaut verträgt, die man dann schnell bekommt? Jedenfalls schützen Handschuhe ihre Finger vor Blasen und, wenn sich ein Pferd beim Führen losreißen sollte, vor Verbrennungen oder Schlimmerem.

Eine Gerte ist für die ersten Stunden noch nicht notwendig. Wenn sie schon in der Abteilung oder alleine reiten, kann sie sinnvoll sein, fragen sie ihren Reitlehrer. Er wird ihnen bei Bedarf auch für die ersten Stunden eine leihen können. Auch hier gibt es vom Billigmodell bis zur Luxusvariante alle Zwischenstufen. Solange sie noch nicht die hohe Reitkunst ausüben können, ist eine preiswerte völlig ausreichend.

Ohne ihnen Angst machen zu wollen sollten sie auch über eine Unfallversicherung nachdenken. Besonders wenn sie selbstständig sind, kann diese im Falle eines Falles zwar nicht die Schmerzen, aber doch wenigstens die finanziellen Folgen lindern. Eventuell kommt auch eine spezielle Sportunfallversicherung für sie in Frage. Wie gesagt, sie sollen nun nicht gleich Angst bekommen und nicht mehr aufs Pferd steigen wollen. Aber Unfälle können immer passieren, nicht nur mit einem Pferd, sondern ganz generell. Nicht nur beim Sport, auch in der Freizeit oder zu Hause.

Eines brauchen sie als Einsteiger ganz sicher nicht, und das sind Sporen. Heutzutage sieht man selbst in Anfängerstunden kleine Kinder mit Sporen im Pferdebauch herumhacken. Für die Pferde ist das verständlicherweise nicht besonders angenehm und man muss sich manchmal wundern, wie sie das ertragen, ohne in die Luft zugehen. Die Begründung, die Pferde würden ohne oder trotz deren Einsatz nicht ordentlich vorwärts gehen, ist eine Bankrotterklärung des verantwortlichen Reitlehrers. Derartig abgestumpfte Pferde haben im Schulunterricht nichts zu suchen, denn wenn sie auf nichts mehr reagieren, kann man auf ihnen auch nicht reiten lernen. Und genau dafür bezahlen sie doch, oder?

Früher musste man sich die Sporen übrigens noch verdienen. Erst wenn der Reiter ruhig auf dem Pferd saß und seine Beine in jeder Situation unter Kontrolle hatte - sprich wenn er in der Lage war, die Sporen tatsächlich nur dann an das Pferd zu bringen, wenn er das auch bewusst wollte – durfte er diese Hilfsmittel überhaupt einsetzen. Es gibt Traditionen, die sinnvoll sind, an diesen sollte man als verantwortungsvoller Reiter festhalten.

Vor dem Reiten

Pferdeverhalten

Zunächst etwas Grundsätzliches zum Umgang mit Pferden. Es sind Fluchttiere. Wenn sie erschrecken, versuchen sie, sich der vermeintlichen Gefahr durch Weglaufen zu entziehen. Können sie das nicht, weil sie zum Beispiel festgebunden sind, können sie in Panik verfallen. Fühlen sie sich in eine Ecke gedrängt, aus der sie nicht fliehen können, so versuchen sie in ihrer Panik, sich den Weg freizumachen. Die Möglichkeiten, die ein Pferd dazu hat, sind begrenzt. Es kann treten oder beißen. Das macht es in Extremsituationen.

Generell sind Pferde aber recht friedliche Tiere. Ordentliche Haltung und Behandlung vorausgesetzt sind die meisten dem Menschen gegenüber freundlich eingestellt. Pferde sind Meister der nonverbalen Kommunikation und können in ihrem Gegenüber lesen wie in einem Buch. Sie werden also merken, ob sie ängstlich erscheinen oder ob man ihnen lieber nicht widerspricht. Sie müssen das Pferd nicht anbrüllen, um sich Respekt zu verschaffen, aber sie sollten einen selbstsicheren Eindruck vermitteln. Schlurfen sie also nicht mit eingezogenem Kopf um das Pferd herum. Strecken sie sich, gehen sie gerade und sprechen sie mit fester Stimme.

Die meisten Pferde verzeihen auch Fehler. Sie werden sie nicht gleich zwicken wollen, wenn sie es versehentlich beim Putzen anstoßen oder die Trense etwas ungeschickt überziehen, also keine Angst. Sollten sie allerdings an eines geraten, das ihre Unerfahrenheit ausnutzt und macht, was es will, dann bitten sie ruhig um Hilfe.

Pferde sind keine Kuscheltiere. Ein Warmblut wiegt etwa 600 Kilo oder sogar mehr. Schon die schiere Masse kann eine Gefahr werden. Das merken sie spätestens, wenn das Pferd auf ihrem Fuß steht. Es ist wie bei Hunden: wenn ein kleiner Pudel ständig an der Leine zieht, ist das noch kein Problem. Wenn das aber eine Dogge von der Größe eines Kalbes macht, ist es weder lustig noch der Hund zu halten. Da hilft nur konsequente Erziehung.

So gibt es auch Dinge, die man von jedem Pferd (und Pony!) verlangen kann und sollte. Es hat beim Führen gesittet neben ihnen zu laufen und einen kleinen Abstand zu halten, damit es ihnen nicht versehentlich auf die Füße tritt. Sie sind nicht sein Kratzbaum (wenn sich 600 Kilo an ihnen schubbern fallen sie schneller um als sie denken) und es hat nicht aufdringlich in ihren Taschen zu suchen, oder womöglich sogar nach ihnen zu schnappen, wenn es nichts findet oder bekommt. Es hat auf Aufforderung die Beine zu heben.

Ist ein Pferd so schlecht oder gar nicht erzogen, dass es diese eigentlich selbstverständlichen Verhaltensweisen ignoriert, so lassen sie als Anfänger besser die Finger davon. Sie haben noch nicht genug Erfahrung, um damit umzugehen und das Pferd bei Bedarf zurechtzuweisen.

Bitte bekommen sie keine Angst ob der gelegentlich drastischen Schilderungen. Unfälle mit Pferden passieren, wie sie auch überall sonst passieren, aber sie sind nicht die Regel. Sie passieren meist durch Unachtsamkeit oder Nachlässigkeit. Daher macht es Sinn, sich mit den gängigen Sicherheitsvorkehrungen auseinanderzusetzen, damit im Ernstfall eben nichts passiert. Gerade wenn sie noch nicht so routiniert im Umgang mit Pferden sind, wird es ihnen Sicherheit vermitteln, wenn sie wissen was sie warum tun.

Putzen

Sie möchten also Reiten lernen. Dafür gehört für sie auch der Umgang mit dem Pferd. Schließlich wollen sie es ja kennenlernen. Und Putzen und Satteln gehört nun mal dazu. Denken sie.

Seien sie nicht überrascht, wenn der Stallbetreiber das anders sieht. Es gibt nicht wenige Reitställe, in denen der Reitschüler das Pferd fertig gesattelt in die Hand gedrückt bekommt. Das ist nicht etwa ein besonderer Service des Stalls, sondern Risikominimierung seitens des Betreibers. Der hat eine gewisse Anzahl von Pferden, mit deren Verleih er seinen Lebensunterhalt bestreitet. Sein Interesse ist es, die Pferde gesund und damit einsatzfähig zu halten. Pferde sind empfindliche Tiere. Eine Falte in der Satteldecke, ein falsch auf dem Rücken liegender Sattel, und schon hat das Pferd eine schmerzhafte Druckstelle oder im schlimmsten Fall eine aufgescheuerte offene Stelle dort, wo der Sattel liegt. Damit kann das Pferd erst mal nicht gesattelt, also auch nicht geritten werden, bis die Stelle komplett abgeheilt ist. Kosten für den Unterhalt entstehen natürlich trotzdem.

In einem Reitstall reiten pro Woche Dutzende von Schülern. Wie kann der Betreiber sicher sein, dass alle diese Leute genau wissen, wie man ein Pferd korrekt putzt und sattelt? Richtig, er kann es nicht. Also lässt er das lieber die Pfleger machen, das ist sicherer. Und aus seiner Sicht verständlich.

Das hilft ihnen aber noch nicht weiter, denn sie wollen doch lernen, wie man das macht. Wenn sie einen Reitlehrer haben, der sie vor und auch nach der Stunde betreut, können sie sich glücklich schätzen. Er wird ihnen zeigen, wie man ein Pferd putzt und sattelt, und worauf sie achten müssen. Das wird jedoch eher die Ausnahme sein. Vielleicht wird man ihnen auch eine junge Reiterin an die Seite stellen, die im Stall hilft. Die wird ihnen meist begeistert die nötigen Handgriffe zeigen und erklären. Bei der Gelegenheit werden sie oft auch innerhalb kürzester Zeit die Lebensgeschichten und Eigenarten aller Schulpferde im Stall kennenlernen.

Was machen sie aber in einem Stall, in dem sie nichts selber tun dürfen? Sie sollten überlegen, ob dies der richtige Stall für ihre Bedürfnisse ist. Möchten sie tatsächlich „nur“ Reiten lernen? Dann können sie das vermutlich akzeptieren. Es gibt nicht wenige Menschen, die seit vielen Jahren ihre wöchentliche Reitstunde im selben Stall nehmen, sich danach mit ihren Mitreitern im Reiterstübchen treffen und noch immer nicht wissen, wie man ein

Pferd pflegt oder sattelt. Und sie sind glücklich und zufrieden dabei. Leider hat auf diese Art und Weise selten jemand vernünftig Reiten gelernt.

Wollen sie mehr? Sie können mit dem Betreiber oder Reitlehrer sprechen, um in Erfahrung zu bringen, ob sie bereit sind, ihnen nach ausführlicher Anleitung die Vorbereitung des Pferdes zu überlassen, dass sie dann reiten. Vielleicht freuen beide sich, wenn jemand Interesse daran zeigt und gehen darauf ein. Dann ist ihr Problem gelöst. Wenn nicht, müssen sie abwägen, ob sie damit leben können oder sich lieber einen Stall suchen möchten, der ihren Bedürfnissen besser Rechnung trägt.

Wie man ein Pferd putzt

Im Idealfall ist Putzen und Satteln Teil des Unterrichts, das heißt, der Reitlehrer zeigt ihnen in den ersten Unterrichtsstunden, was man wie macht, bis das Pferd fertig zum Aufsteigen ist. Und hinterher natürlich die ganze Prozedur andersherum, denn auch nach dem Reiten will das Pferd versorgt werden.

Haben sie jetzt das ungute Gefühl, in ihrer ersten Reitstunde gar nicht auf das Pferd zu kommen? Das ist natürlich nicht die Regel. Der Reitlehrer will ja, dass sie wiederkommen, und da sie reiten wollen, wird er sie auch auf ein Pferd setzen. Allerdings wird der Reitteil dieser Stunde vielleicht recht kurz werden. Keine Angst, auch das ist beim ersten Mal schon anstrengend genug, sie werden sich spätestens am nächsten Tag wundern wo sie überall Muskeln haben, die sie noch nicht kannten. Wenn sie so einen gewissenhaften Reitlehrer gefunden haben, der sie an die Hand nimmt und ihnen alles genauestens zeigt, schätzen sie ich glücklich. Sie haben die Nadel im Heuhaufen gefunden. Wenn er ihnen auch noch sympathisch ist, haben sie den Hauptgewinn gezogen.

Für den Fall, dass sie ihn noch nicht gefunden haben, gehen sie jetzt die notwendigen Schritte in der Theorie durch. Zum Putzen sollten sie das Pferd aus der Box holen und davor anbinden. Wenn es im Stall einen separaten Platz zum Putzen gibt, nutzen sie diesen.

Sprechen sie das Pferd an, bevor sie in die Box gehen, damit es nicht erschrickt. Wenn das Pferd sie bemerkt hat, können sie die Box betreten. Legen sie das Halfter an und führen sie das Pferd am Strick hinaus. Legen sie niemals den Strick in einer Schlaufe um die Hand wenn sie ein Pferd führen. Sollte das Pferd erschrecken und wegspringen, dann zieht sich die Schlaufe zu und quetscht ab, was umschlossen ist. Dabei können Finger verlorengehen oder auch die ganze Hand.

Da Pferde als Fluchttiere erschrecken können, bindet man sie mit einem speziellen Knoten fest. Sollte das Pferd tatsächlich einmal zurückspringen oder in Panik geraten, dann reicht ein Ruck am Seil und der Knoten löst sich. Lassen sie sich zeigen, wie man diesen Knoten bindet und üben sie ruhig mit einem Seil oder Band.

Zum Putzen benutzen sie eine Kardätsche (eine breite Bürste) und einen Striegel. Der Striegel kann aus Plastik, Metall oder Gummi sein. Mit ihm arbeitet man sich zunächst mit kreisenden Bewegungen beidseitig von vorn nach hinten über das Pferd. Dabei wird der grobe

Dreck gelöst, wenn das Pferd sich zum Beispiel im Matsch gewälzt hat, oder das lose Fell, wenn der Haarwechsel ansteht.

Seien sie an den Beinen vorsichtig. Wo keine Fettschicht unter der Haut ist, kratzen sie besser nicht herum. Die Massage dient aber auch dem Wohlbefinden des Pferdes. Als Herdentiere beknabbern sich Pferde oft gegenseitig, wenn sie sich sympathisch sind. Das gehört zur sozialen Interaktion und wird mit der Massage imitiert. Sie wälzen sich auch gerne, das gehört ebenfalls zur Fellpflege.

Ist der grobe Dreck entfernt, folgt der Feinschliff. Fahren sie mit der Kardätsche einmal in Wuchsrichtung über das Fell und streifen sie diese dann am Striegel ab. Sie werden sich wundern, wie viel Dreck sich noch im Striegel sammelt. Um diesen wieder zu leeren, klopfen sie ihn gelegentlich mit der offenen Seite nach unten gegen eine Wand oder auf den Boden. So arbeiten sie sich wieder von vorne nach hinten über das Pferd, danach folgt natürlich die andere Seite. Die meisten Pferde genießen diese Massage und stehen gerne still. Manche sind an einigen Stellen etwas kitzlig, sie versuchen auszuweichen, legen die Ohren an oder zeigen ihren Unwillen durch Schweifschlagen. Arbeiten sie zügig über diese Stellen. Einige Pferde lassen sich nicht gerne am Kopf putzen, dafür kann man dann eine kleine, ganz weiche Bürste nehmen. Andere wiederum genießen auch das Kratzen der härteren Bürste sichtlich.

Ist das Fell sauber, dann säubern sie die Mähne und den Schweif von Stroh und Heu und kämmen sie durch. Idealerweise wird der Schweif mit der Hand verzogen, das heißt, man entwirrt die Haare vorsichtig einzeln mit der Hand. So bricht man keine Haare oder reißt sie versehentlich aus.

In der Praxis wird dieser Aufwand allerdings nur selten betrieben. Eine Bürste mit langen Borsten oder eine Drahthaarbürste tun es auch. Fassen sie den Schweif mit der einen Hand etwa 30 cm vom unteren Ende entfernt, halten ihn gut fest und kämmen sie das Ende vorsichtig durch. Ist alles entwirrt, fassen sie ein Stück höher und wiederholen die Prozedur bis sie oben angekommen sind. Ist der Schweif sehr verdreckt oder verknotet, hilft oft etwas Schweif- und Mähnenspray. Das ist eine Art Conditioner für das Pferd und macht das Haar leichter kämmbar. Man sprüht es vor dem Kämmen hinein. In der Putzkiste für ein Schulpferd wird man ein Schweifspray allerdings nur selten finden, und wenn, hat es vermutlich eine Reiterin für ihr Lieblingspferd gekauft.

Zuletzt kommen die Hufe dran. Sie stellen sie sich in Richtung Schweif neben das Bein, das sie säubern möchten, klopfen sie leicht dagegen und sagen „Huf“. Ein wohlerzogenes Pferd wird daraufhin brav den Huf heben. Macht es das nicht gleich, drücken sie etwas gegen seine Schulter, damit es das Bein entlastet, und probieren sie es noch einmal. Halten sie den Huf mit einer Hand fest und holen sie zunächst mit dem Haken des Hufkratzers den groben Dreck aus dem Huf. Dazu ziehen sie den Haken in Richtung Fußspitze durch die Furchen im Huf. Drücken sie so stark wie nötig, um den Dreck zu entfernen, aber kratzen sie nicht mit Gewalt am Huf herum. Danach bürsten sie mit der Bürste den übrigen Dreck weg. Lassen sie den Huf nicht einfach fallen, das Pferd kann schließlich nicht wissen, wann sie loslassen und der Huf knallt auf den Boden. Stellen sie ihn stattdessen einfach auf dem Boden ab. Mit den restlichen Hufen verfahren sie ebenso.

Steht das Pferd nun also sauber vor ihnen, können sie mit dem Satteln beginnen.

Ausrüstung

Zunächst trägt natürlich jedes Pferd beim Reiten einen Sattel. Dieser muss dem Pferd passen, so wie ihnen hoffentlich ihre Schuhe. Wenn die drücken gibt es Blasen. Nicht anders geht es dem Pferd mit dem Sattel. Schließlich muss es auf dem langen Rücken ihr Gewicht tragen. Wenn der Sattel nicht richtig passt, dann drücken sie dem Pferd unangenehm ins Kreuz.

Es gibt verschiedene Arten von Sätteln. Am gebräuchlichsten sind der Dressursattel, der Springsattel und der Vielseitigkeitssattel, der eine Mischform der der beiden ersteren darstellt. Ideal zum Reiten lernen ist der Dressursattel. Er hilft ihnen am besten, die Grundlagen der Dressur zu erlernen, denn diese stellen die Basis des reiterlichen Könnens dar. In Reitschulen sehr beliebt sind auch Vielseitigkeitssättel, denn diese sind wie der Name schon sagt universell einsetzbar. Man braucht also nur einen Sattel für das Pferd, statt einen Dressur- und bei Bedarf einen Springsattel.

Dazu kommt ein Kopfstück aus Leder, an dem ein Gebiss für das Pferdemaul hängt, und an diesem wiederum die Zügel. Das Gebiss nennt man Trense, dieser Begriff wird in der Umgangssprache auch häufig für das ganze Kopfstück verwendet.

Zusätzlich wird oft noch ein Martingal verwendet. Das sieht aus wie ein Lederriemen um den Hals, durch den ein Gurt vom Bauch des Pferdes führt. Dieser teilt sich oben und endet in zwei Ringen. Durch diese werden die Zügel geführt. Dadurch soll verhindert werden, dass das Pferd den Kopf einfach hochreißt und sich so den Hilfen des Reiters entzieht. Das kann im Gelände oder beim Springen sinnvoll sein, wenn das Pferd gern davon stürmt, für die Dressur ist es nicht nötig.

Bei noch unerfahrenen Reitern werden die Pferde häufig auch ausgebunden. Dadurch läuft das Pferd in einer ordentlichen Haltung und belastet den Rücken nicht unnötig indem es ihn wegdrückt. Das ist auch für den noch unerfahrenen Reiter angenehmer zu sitzen. Wenn der Reiter gelernt hat, das Pferd selbst in dieser Haltung zu reiten, können die Ausbinder weggelassen werden.

Manchmal werden auch die Pferdebeine noch geschützt. Wenn das Pferd die Füße sehr eng nebeneinander aufsetzt, kann es sich schon einmal streifen. Das ist besonders mit Eisen schmerzhaft und kann im ungünstigen Fall eine Wunde verursachen. Manche Pferde neigen dazu, dann kann ein Schutz sinnvoll sein. Die meisten Pferde benötigen ihn in der Regel nicht, oft wird er aus Vorsichtsgründen aber trotzdem angelegt.

Es gibt zwei Möglichkeiten: Bandagen oder Gamaschen. Bandagen bestehen aus Wolle oder Vlies und werden um das Bein herumgewickelt, manchmal wird auch noch eine wattierte Unterlage daruntergelegt. Praktischer sind Gamaschen, die es in verschiedenen Ausführungen gibt. Sie werden einfach um das Pferdebein herumgelegt und meist mit Klettverschluss fixiert. In jedem Fall muss das Pferdebein sauber sein, damit unter den Bandagen oder Gamaschen nichts scheuert.

Satteln

Unter den Sattel gehört eine Decke, Satteldecke oder Schabracke genannt, die den Schweiß des Pferdes vom empfindlichen Leder fernhält. Sie hat vorne zwei Schlaufen, die an den Sattelstrupfen befestigt werden und das Verrutschen der Decke verhindern. Heben sie den Dressursattel mit der Decke darunter über das Pferd und lassen sie ihn über dem Widerrist (das ist der Übergang vom Hals zum Rücken) vorsichtig herunter. Schieben sie ihn vorsichtig in Richtung Schweif. Wenn er gut passt, wird er von allein an der richtigen Stelle zum Liegen kommen. Ein Dressursattel sitzt richtig, wenn die Sattelblätter hinter der Schulter des Pferdes liegen. Liegen sie davor, so würden sie darauf drücken und die Bewegung des Pferdes behindern. Fahren sie mit der Handkante über die Schulter, und sie werden fühlen, wo das Schulterblatt aufhört. Gleich dahinter sollte der Sattel liegen.

Ein Springsattel liegt ebenso in der Sattellage, hat aber weit nach vorn gewölbte Sattelblätter, die dafür nicht so lang sind. sie reichen durch die Wölbung etwas über die Schulter. Dieser Sattel ist zum Lernen eher ungeeignet, da er den zum Dressurreiten erforderlichen Sitz nicht leicht oder gar unmöglich macht.

Der Vielseitigkeitssattel ist eine Mischform zwischen beiden Sätteln, und kann, wie der Name schon sagt, vielseitig genutzt werden. Er ist in Reitschulen beliebt, da man so nicht für jede Disziplin einen eigenen Sattel für jedes Pferd anschaffen muss. Denn ein guter neuer Sattel kostet leicht einige tausend Euro, und auch ein alter gebrauchter ist in gutem Zustand noch einige hundert wert.

Liegt der Sattel korrekt auf dem Pferd, so fixieren sie ihn mit dem Sattelgurt. Ziehen sie ihn nicht plötzlich und fest an, das ist dem Pferd unangenehm und schnürt es ein. Besser ist es, zunächst so fest zu gurten, dass der Sattel nicht rutscht, und bis zum Aufsteigen mehrmals nachzuziehen. Vorsicht: manche Pferde blasen beim Anziehen des Gurtes den Bauch auf. Wenn sie danach wieder ausatmen, kann ein vermeintlich angezogener Sattelgurt wieder locker sein.

Der Sattelgurt sollte etwa eine Handbreit hinter den Vorderbeinen liegen. Liegt er zu dicht daran, können durch die Bewegung Hautfalten dazwischen entstehen und schmerzhafte Scheuerstellen verursachen. Westernreiter müssen bereits von unten den Gurt festziehen, da ein Nachgurten von oben bei diesen Sätteln nicht möglich ist. Sie heben danach oft die Vorderbeine hoch und ziehen sie etwas nach vorn, um Hautfalten im Bereich des Gurtes vorzubeugen. Das sollten sie nur unter Anleitung probieren, da das Pferd dabei leicht Angst bekommen kann, wenn es diese Prozedur nicht gewohnt ist.

Sitzt der Reiter im Sattel, so drückt sein Gewicht den Sattel noch einmal zusätzlich auf den Pferderücken herunter. Nach dem Aufsteigen prüft man daher, ob der Gurt noch fest genug ist und gurtet bei Bedarf noch einmal nach. Ebenso verfährt man noch einmal vor dem Antraben, um sicherzustellen, dass der Sattel nicht rutscht. Durch dieses langsame Gurten wird dem Pferd das Satteln so angenehm wie möglich gemacht.

Zum Auftrensen (so wird das Überziehen der Trense genannt) wird zuerst das Stallhalfter geöffnet und die große Schlaufe über den Hals des Pferdes geschoben, damit es weiterhin festgebunden ist.

Nachdem man zuerst die Zügel über den Hals gelegt hat, wird die Trense dem Pferd in Maul geschoben und das Kopfstück dann über die Ohren gezogen. Manche Pferde machen das Maul von allein auf oder nehmen das Gebiss sogar selbst ins Maul. Die meisten lassen sich allerdings etwas bitten. Dann hält man das Gebiss unter die Maulspalte an die Zähne und bewegt es etwas. Öffnet das Pferd das Maul immer noch nicht, kann man oberhalb der Maulwinkel die Haut ins Maul drücken. Das tut den Pferden nicht weh, denn dort sitzen keine Zähne, und es veranlasst sie, das Maul zu öffnen.

Ist die Trense am Kopf, so wird der Kehlriemen (der Riemen zwischen Kopf und Hals) geschlossen. Er sollte so lose sein, dass eine geschlossene Faust hineinpasst. Es folgt das Reithalfter. Es gibt zwei gebräuchliche Ausführungen: die hannoversche und die englische Variante. Bei der englischen werden die Riemen innen, also direkt am Pferdekopf, entlanggeführt, es sollte etwa zwei Fingerbreit unter den Backenknochen liegen. Das hannoversche liegt etwa zwei Fingerbreit über den Nüstern des Pferdes und wird über den Trensenringen in der Kinngrube verschnallt. In beiden Fällen sollten zwei Finger zwischen Pferd und Nasenriemen passen, sonst schnüren sie das Pferd zu sehr ein.

Wird ein Martingal verwendet, so hängt es meist mit eingeschnallten Zügeln an der Trense. Es wird zusammen mit den Zügeln über den Pferdehals gelegt. Nach dem Auftrensen wird dann die unten hängende Schlaufe zwischen den Vorderbeinen hindurchgeführt und über den Sattelgurt geschoben. Wird ein Martingal verwendet, ist es also sinnvoll, die Trense zuerst anzulegen, und erst dann den Sattel. Andernfalls muss der Sattelgurt erneut gelöst werden, um die Schlaufe darüberzuziehen.

Trägt das Pferd Gamaschen, so prüft man zunächst, ob sie sauber sind. Besonders innen darf nichts auftragen, was am empfindlichen Pferdebein scheuern könnte. Man legt sie einige Zentimeter höher um das Bein und schiebt sie dann auf die passende Höhe herunter. So liegt das Fell darunter glatt. Hartschalengamaschen lassen sich einfach anlegen, sie rutschen wie der Sattel von selbst an die passende Stelle. Sie die Gamaschen weich, sollten sie mit dem breiten unteren Teil auf dem Fesselkopf liegen. Die Klettverschlüsse müssen fest genug angezogen sein, um die Gamasche auch bei schneller Bewegung an ihrem Platz zu fixieren, keinesfalls dürfen sie jedoch einschneiden.

Endlich auf dem Pferd

Aufsteigen

Moment, Moment. Im Stall wird selbstverständlich nicht aufgestiegen. Sie wollen doch nicht an der Tür hängenbleiben, während ihr Pferd weiterspaziert? Das erfolgt entweder in der Reithalle oder auf dem Reitplatz, oder an einem dafür vorgesehen Ort, zum Beispiel einer Treppe, die als Aufstiegshilfe dient. Dorthin wird das Pferd zunächst geführt.

Ihre Reitkappe haben sie doch schon auf dem Kopf? Prüfen sie noch einmal, ob der Sattelgurt fest genug ist, damit der Sattel nicht verrutschen kann. Entfernen sie das Stallhalfter, das liegt doch hoffentlich immer noch über dem Hals? Trägt das Pferd kein Martingal, ziehen sie die Zügel über den Hals nach unten. Stehen sie links vom Pferdekopf. Nun fassen sie die Zügel hinter dem Gebiss. Korrekterweise bleibt der Zeigefinger zwischen den beiden Zügeln, das Ende mit der Schnalle wird ebenfalls in die Hand gelegt oder mit der linken Hand gehalten. Trägt das Pferd ein Martingal, lassen sie die Zügel auf dem Hals liegen und fassen sie ebenso hinter dem Gebiss..

Früher wurde man noch belächelt, wenn man eine Aufstiegshilfe benutzte. Das war etwas für ältere, nicht so fitte oder unsportliche Menschen. Was ein richtiger Reiter war, der hatte so etwas nicht nötig. („Da wirst du doch wohl noch so draufkommen!") Inzwischen hat sich die Erkenntnis verbreitet, dass so ein Hilfsmittel nicht verkehrt ist.

Eine Aufstiegshilfe ist grundsätzlich eine gute Idee. Sie verhindert, dass sie sich auf das Pferd hangeln müssen, und ihr gesamtes Gewicht dabei wackelnd an dessen Seite am Sattel hängt. Das zerrt nämlich ganz schön am Pferd, seiner Wirbelsäule und auch dem Sattel. Kurzum, es ist für alle Beteiligten (Pferd, Reiter und Sattel) nicht gut. In manchen Ställen gibt es eine eigens dafür gebaute Treppe, aber ein kleiner Tritt oder ein Stuhl (möglichst ohne Armlehnen!) sind auch ausreichend.

Wenn ihr Stall so eine Aufstiegshilfe besitzt, nutzen sie sie. Denken sie an das Wohlergehen des Pferdes und ignorieren sie die Sticheleien konservativer Reiter. Nur weil man das immer so gemacht hat, ist das nicht für alle Ewigkeit in Stein gemeißelt. Traditionen sind kein Selbstzweck. Man darf sie hinterfragen und muss ihnen nicht aus Prinzip treu bleiben, wenn sich eine sinnvollere Lösung anbietet.

Nun wollen sie aber endlich aufs Pferd und stehen dort, wo man üblicherweise das riesige Tier erklimmt. Genau, es sah eben noch viel keiner aus. Also fangen wir an. Dass der Sattel nicht rutscht, haben sie ja bereits sichergestellt. Aber ist er auch fest genug, um mit ihrem Gewicht an der Seite nicht zu rutschen? Auch wenn sie eine Aufstiegshilfe nutzen, in den seitlichen Steigbügel treten müssen sie trotzdem. Schauen sie lieber noch mal nach.

Sie stehen auf der linken Seite des Pferdes, das ist die, auf der man üblicherweise aufsteigt. Noch so ein Relikt aus den diversen Kriegen der Menschheit, aber das interessiert sie jetzt vermutlich am allerwenigsten. Mit der linken Hand greifen sie die Zügel, noch nicht zu kurz, aber so, dass sie nicht mehr durchhängen. Sie halten sich am vorderen Ende des Sattels (genannt Vorderzwiesel) fest und stellen ihren linken Fuß in den Steigbügel. Wenn sie keine Aufstiegshilfe nutzen werden sie sich spätestens jetzt eine herbeiwünschen. Mit der rechten Hand nun am Hinterzwiesel (richtig, das ist das hintere Ende des Sattels) festhalten und hochziehen. Sie schwingen das Bein über den Pferderücken und – halt! – nicht einfach hineinplumsen. Stellen sie sich vor, ihnen fällt jemand einfach mal so mit seinem gesamten Gewicht in den Rücken! Eben. Darum lassen sie sich jetzt vorsichtig in den Sattel gleiten. Geschafft.

Sitz

Sieht ganz schön hoch aus. Und wie fühlt es sich an? Machen sie es sich erst mal bequem. Erste Lektion: genau so sollen sie nicht auf dem Pferd sitzen. Ihr Reitlehrer wird ihnen helfen, die Steigbügel in die richtige Länge zu schnallen, damit ihr Bein leicht angewinkelt ist. Dann wird er sie in eine aufrechte Position bringen. Bitte mit gerader Wirbelsäule und nicht mit durchgedrückter. Dann ist auch ihr Kopf genau über ihrer Hüfte, da gehört er nämlich hin. Wenn sie sich dann noch ein Lot vorstellen, dass von ihrem Kopf durch ihre Hüfte weiter nach unten geht, dann wissen sie auch schon, wo ihre Absätze eigentlich sein sollten. Und wo sie garantiert noch nicht sind, richtig? Übrigens sind ihre Schultern arg weit nach vorn geneigt, das ist nicht gut für ihr Gleichgewicht. Nehmen sie sie ein wenig zurück, damit sie ebenfalls im Lot sind, die Oberarme hängen locker seitlich am Körper. Jetzt wissen sie bereits, wie sie sitzen sollen.

Sie merken schon, das wird anstrengend. Ihre Aufgabe für die nächste Zukunft wird es sein, diese Haltung bestmöglich beizubehalten. Das Lot wird sie durch ihre gesamte reiterliche Karriere begleiten, egal, welcher Disziplin sie frönen. Denn wenn sie nicht im Gleichgewicht sind, wird es ganz schön wacklig auf dem Pferd. Es gibt also keine wichtigere Übung, als sich diese Haltung zu verinnerlichen und automatisch abrufen zu können, möglichst ohne darüber nachzudenken.

Stellen sie sich das nur nicht zu einfach vor. Sie werden sich noch wundern, denn bisher hat sich das Pferd ja noch nicht mal bewegt. Ja natürlich, auch in der Bewegung sollen sie diese Haltung beibehalten, was dachten sie denn!

Longenstunde

Endlich setzt sich das Pferd mit ihnen darauf in Bewegung. Und schon kippen sie irgendwo hin. Sie sollen doch gerade sitzen bleiben! Also sortieren sie sich und nehmen sie die korrekte Haltung wieder ein. Ja natürlich geht das. Sehen sie sich in der Reithalle um oder denken sie an die Reiter, die sie schon beobachtet haben. Die haben auch nicht alle wie Wackelpudding auf dem Pferd gesessen.

Nach einigen Schritten merken sie bereits, dass Sitzen auf dem Pferd kein passives sich durch die Gegend tragen lassen ist. sie müssen aktiv in der korrekten Haltung bleiben, dazu benötigen sie ein gewisses Maß an Körperspannung. Wobei sie natürlich nicht verkrampfen sollen. Das widerspricht sich? Im Augenblick ja, aber mit der Zeit werden sie merken, wie sich ihr Körper an die Haltung gewöhnt und mit der Bewegung des Pferdes mitgeht. Im Idealfall macht er das automatisch und sie können sich ganz auf das Pferd und ihre Hilfen konzentrieren. Bis dahin ist es aber noch ein weiter Weg.

Zunächst müssen sie sich dort oben eingewöhnen. Das Wichtigste ist ihr Gleichgewicht, das sie halten müssen, um nicht vom Pferd zu rutschen. Kinder lässt man üblicherweise Übungen wie zum Beispiel Armkreisen machen. Diese spielerische Herangehensweise ist nicht für jeden Erwachsenen geeignet und verunsichert einige, da sie auch schon ohne diese willkürlichen Bewegungen mit dem Gleichgewicht zu kämpfen haben. Wenn ihr Reitlehrer stattdessen mit ihnen über Gott und die Welt redet und sich alles Mögliche erzählen lässt, dann ist das auch in Ordnung. Wenn sie abgelenkt sind, verkrampfen sie nämlich nicht so schnell und vergessen ihre Angst.

Erst wenn sie sich im Schritt auf dem Pferd wohlfühlen sollten sie den Trab versuchen. Das ist noch einmal ein großer Schritt, denn da wackelt es gewaltig und schneller ist es auch. Es ist in Ordnung, wenn sie einige Zeit brauchen, bis sie sich das zutrauen und dann erst einmal einige Tritte lang üben, statt gleich loszutraben und fast vom Pferd zu fallen, weil sie sich nicht halten können. Dann bekommen sie wieder Angst und das ist das letzte, was sie wollen. Also immer schön langsam. Erwachsene sind generell nicht mehr so beweglich und unbedarft wie Kinder, weniger draufgängerisch und daher meist ängstlicher. Das ist völlig normal sollte von ihrem Reitlehrer respektiert werden. Es nicht hilfreich, wenn er meint, da müssten sie durch und sollen sich nicht so anstellen.

Auf lange Sicht bringt es ihnen nichts, alles mit Gewalt erzwingen zu wollen. Das gilt übrigens auch für den Galopp. Viele Menschen haben Angst vor dem obligatorischen Abteilungsgalopp am Ende der Stunde, weil der Reitlehrer es entrüstet ablehnt, dem noch unsicheren Schüler das zu ersparen. Stattdessen muss der Reiter hinter den anderen herjagen, wobei das Pferd gelegentlich den Stechtrab vorzieht. Oder einfach angaloppiert, obwohl der Reiter noch gar nicht die Hilfe dazu gegeben hat. Gelegentlich buckeln die Pferde auch mal fröhlich los, um sich Luft zu machen, bevorzugt quer durch die Halle. In diesem Fall schließen sich auch gerne andere Pferde an und nutzen die Hilflosigkeit des Reiters aus. Für einen unerfahrenen Reiter, der noch gar nicht in der Lage ist, das Pferd wirklich zuverlässig zu kontrollieren, ist das ein Albtraum. Selbst wenn er nicht unfreiwillig den Pferderücken verlässt wird es ein traumatisches Erlebnis sein, das ihm nicht unbedingt Vertrauen einflößt.

Selbstredend haben solche Pferde eigentlich nichts in einer Reitschule zu suchen, es sei denn, es gibt genug gute Reitschüler, die diese Pferde ordentlich reiten und auf ihnen etwas lernen können. Anfänger haben aber auf ihnen nichts zu suchen.

Leider ist das in nicht wenigen Reitschulen aber eher die Regel als die Ausnahme. Das war eben schon immer so, da muss man einfach durch oder wer noch nicht vom Pferd gefallen ist, kann auch nicht reiten – kommen ihnen solche Sprüche bekannt vor? Dann lesen sie bitte vorne noch einmal über die Reitschulsuche nach und begeben sich wieder auf Start.

Nichts, aber auch gar nichts rechtfertigt die Vermittlung von Angst auf dem Pferd. Sie wollen Reiten lernen, nicht Angst davor bekommen. Und sie werden als Erwachsener länger dazu brauchen als eine unbekümmerte Zehnjährige. Und sie brauchen mit dem Pferd erst dann zu traben oder zu galoppieren, wenn sie selbst sich das trauen, nicht weil der Reitlehrer es will oder es so üblich ist. Sie sind nicht beim Militär und dürfen sich so viel Zeit nehmen, wie sie brauchen. Ihr Reitlehrer soll sie ermutigen, sie aber zu nichts zwingen.

Wenn sie sich in Trab und Galopp wohlfühlen, sich nicht mehr am Sattel festhalten müssen und auch ihre Hände schon relativ ruhig halten können, wird es Zeit, auch einmal die Zügel in selbige zu nehmen. Stellen sie ihre Fäuste senkrecht. Die Zügel laufen vom Pferdemaul zwischen kleinem und Ringfinger hindurch und oben über den Zeigefinger wieder nach vorne. Der Daumen liegt nicht platt darüber, sondern bildet ein kleines Dach. Damit ihnen die Zügel nicht bei der ersten Bewegung wieder aus der Hand rutschen, müssen sie sie festhalten. Bitte verwechseln sie das nicht mit festklammern. Die

Hand muss sozusagen atmungsaktiv sein. Das heißt, sie federt mit der Bewegung des Pferdekopfes nach vorne mit, dadurch soll eine gleichmäßige Verbindung mit dem Pferdemaul erreicht werden.

Die Zügelfäuste stehen senkrecht und werden nicht in die Waagerechte geneigt. Das nennt man verdeckte Zügelfäuste und ist ein Fehler, denn in dieser Haltung ist die gewünschte gefühlvolle Einwirkung auf das Pferd nicht mehr möglich. Auch wenn sie zunächst noch nicht wirklich gefühlvoll einwirken können, sollten sie von Anfang an versuchen, diese Haltung zu üben. Wenn sie sich erst einmal an eine falsche Haltung (nicht nur) der Hände gewöhnt haben, können sie sich das später ganz schwer und nur mit sehr viel Mühe und Zeit wieder abgewöhnen. Bemühen sie sich also von Anfang an um die korrekte Haltung und sie werden später davon profitieren, auch wenn es zunächst schwer fällt.

Endlich alleine

Wenn sie ihr Gleichgewicht in allen Gangarten gefunden haben, gerade sitzen bleiben können, sich nicht mehr am Zügel festhalten müssen und mit den Beinen schon auf das Pferd einwirken können, wie ihr Reitlehrer es ihnen gezeigt hat, dann sollten sie versuchen, das Pferd nun unabhängig vom Reitlehrer und der Longe zu reiten. Zunächst noch nicht in der Abteilung, denn wenn ihr gutmütiges Pferd nur hinter seinem Vordermann her trottet, ist das nicht unbedingt auf ihre Reitkünste zurückzuführen, sondern vielmehr auf den Herdentrieb.

Versuchen sie es also am Anfang ruhig erst einmal alleine. Sie werden überrascht sein. Wo das Pferd hingeht ist meist selten da, wo sie eigentlich hinwollten. Denn an der Longe ging es immer schön im Kreis herum, da war nicht viel Auswahl bezüglich der Richtung. In der Reithalle und ohne die Longe als Begrenzung sieht das schon ganz anders aus. Jetzt müssen sie nämlich lenken.

Und das ist gar nicht so einfach, wie sie schnell feststellen werden. Ihr Reitlehrer hat ihnen schon die wichtigsten Hilfen an der Longe gezeigt, sie wissen theoretisch wie Anreiten, Antraben, Durchparieren und Halten funktionieren. Nun sind sie auf sich alleine gestellt und müssen dem Pferd sagen, was sie wollen. Und das ist gar nicht so einfach. Als sie schreiben gelernt haben, hat es ja auch eine ganze Weile gedauert, bis aus dem angestrengten Gekritzel eine flüssige, lesbare Schrift geworden ist. Nicht viel besser geht es ihnen jetzt, nur dass das Pferd ihnen nun umgehend eine Rückmeldung gibt. Das mag am Anfang frustrierend sein, aber sie sollten es als Chance begreifen.

Wenn etwas nicht funktioniert, so sollte man den Fehler zunächst immer bei sich selbst suchen. Sitzen sie korrekt, haben sie die Hilfen ordentlich und in der richtigen Reihenfolge gegeben? Haben sie sie auch deutlich genug gegeben, damit das Pferd sie verstehen konnte? Jetzt hilft nur noch üben, üben, üben. Der Reitlehrer wird sie dabei unterstützen, indem er sie immer wieder korrigiert und ihnen Aufgaben stellt, zum Beispiel einen bestimmten Punkt anzureiten oder eine Hufschlagfigur. Ihre reiterliche Laufbahn hat begonnen.

Hilfen

Gewichtshilfen

Ein sehr gut ausgebildetes Pferd reagiert fein auf Gewichtshilfen. Auf einem solchen Pferd brauchen sie nur dorthin zu sehen oder sich leicht in die Richtung zu drehen, wo sie hinwollen, und das Pferd wird dorthin gehen. Durch ihre Bewegung verändert sich die Belastung des Sattels und der Druck der Beine. Das zeigt dem Pferd, wo sie hinwollen. Und schon wissen sie, wie Gewichts- und Schenkelhilfen funktionieren. Das Pferd, das sie so brav durch ihre Longenstunden gebracht hat, ist vermutlich nicht ganz so leichtfüßig und sensibel, so dass sie etwas nachhelfen müssen mit Schenkeldruck und Zügelhilfen. Versuchen sie es erst im Schritt und achten sie auf die Bewegungen ihres Körpers.

Wenn sie sich zum Beispiel mit dem Oberkörper nach rechts drehen (Schultern dabei nicht vergessen), wird ihr innerer (rechter) Gesäßknochen etwas stärker belastet. Das Pferd sollte nun versuchen, wieder unter den Schwerpunkt kommen, um das Gleichgewicht wieder herzustellen, dazu muss es nach rechts wenden. Vorsicht: Wenn sie dabei jedoch in der Hüfte einknicken, ein weit verbreiteter Fehler, dann belasten sie den äußeren (linken) Gesäßknochen, statt wie eigentlich gewünscht den rechten. Und wundern sich vermutlich, warum das Pferd nicht nach rechts geht.

Sie sehen, es ist ganz einfach, etwas falsch zu machen. Daher sollten sie immer zuerst sich selbst, ihre Haltung und Hilfen überprüfen, bevor sie dem Pferd vorwerfen, etwas falsch zu machen. Einige Pferde sind faul und machen nur das, was unbedingt nötig ist. Wenn der Reiter dann seinen Forderungen nicht genug Druck verleihen, sprich sich durchsetzen kann, lassen sie es eben bleiben. Das ist keine Böswilligkeit. Im Gegensatz zur weit verbreiteten Meinung wollen Pferde ihre Reiter nicht absichtlich ärgern, zu einem derart berechnenden Verhalten sind sie nicht in der Lage. Sie sind allerdings lernfähig und wenn sie begriffen haben, dass es keine unangenehmen Folgen hat, wenn sie das gewünschte Verhalten nicht zeigen, dann lassen sie es eben.

Schenkelhilfen

Man drückt mit der Wade im Rhythmus der Bewegung gegen den Pferdbauch. Im Schritt erfolgt dieser Druck abwechselnd rechts und links. Lassen sie ihre Beine locker hängen und spüren sie, wie sie wechselseitig an den Pferdebauch baumeln. Im Prinzip holt sich das Pferd die Hilfe selber ab, sie müssen sie nur noch leicht verstärken. Im Trab bewegen sich die Beine gleichzeitig an den Pferdebauch, also treiben sie auch mit gleichzeitigem Druck beidseitig. Beim Leichttraben geht das auch gar nicht anders, probieren sie es ruhig einmal aus. Im Galopp erfolgt die Hilfe einseitig mit dem inneren Schenkel während der äußere etwas zurückgelegt wird. Das Treiben entspricht dieser Hilfe zum Angaloppieren.

Erfolgt der Druck gleichmäßig auf beiden Seiten, sollte das Pferd vorwärts gehen. Drückt man auf einer Seite mehr, so ist das für das Pferd die Aufforderung, dem Schenkeldruck seitlich auszuweichen. Soll es das nicht, dann hält man mit dem äußeren Schenkel dagegen und hindert es so daran, das bezeichnet man dann als verwahrenden Schenkel. Sehr vereinfacht gesagt, wird das Pferd mit den Beinen eingerahmt und dorthin geschoben, wo es hinsoll.

Soweit die einfache Variante. Sie merken schon: rein theoretisch kann man ein Pferd auch ohne Zügel lenken. Praktisch ist das natürlich nicht so einfach. Alle Hilfen kennen viele Abstufungen in ihrer Ausführung und diese korrekt zu geben ist alles andere als einfach, zumal sich das Pferd ja dabei noch bewegt. Reiten sie doch lieber mit Zügeln und kommen damit zur nächsten Hilfe.

Zügelhilfen

Die Zügelhilfe besteht entgegen der landläufigen Meinung nicht etwa darin, auf einer Seite zu ziehen, damit das Pferd in die entsprechende Richtung abbiegt. Sie ist auch nicht die Bremse, die das Pferd zum Stehen bringt.

Grundsätzlich reitet man ein Pferd in Anlehnung. Das bedeutet, dass man einen leichten Kontakt zum Pferdemaul hält, wobei man mit der Hand den Bewegungen des Pferdekopfes folgen muss, um diese Anlehnung möglichst gleichmäßig zu halten.

Eine Zügelhilfe gibt man durch Annehmen oder Nachgeben mit der Hand. Dazu zieht man nicht etwa rückwärts oder lässt den Zügel durchhängen. Annehmen kann man bereits, indem man kurz nicht mehr mit der Bewegung des Pferdes mitgeht, sondern die Hand einfach stehen lässt. Nachgeben kann man, wenn man mir der Hand leicht vorgeht, ohne dabei den Kontakt aufzugeben. Zügelhilfen sind also in der Regel sehr feine Hilfen.

Die häufigste Zügelhilfe ist die Parade. Man unterscheidet zwischen halben und ganzen Paraden. Für eine halbe Parade nimmt man den Zügel kurz an und gibt sofort wieder nach. Sie dient dazu, das Pferd aufmerksam zu machen, oder etwas Neues anzukündigen („Achtung, gleich kommt was“). Eine ganze Parade führt immer zum Halten, egal aus welcher Gangart. Der Zügel wird aufgenommen und stehen gelassen, bis das Pferd gehalten hat, danach folgt sofort das Nachgeben. Natürlich wird auch diese Aktion mit halben Paraden vorbereitet, damit das Pferd weiß da kommt was.

Stimmhilfen

Auch die Stimme ist eine Hilfe. Sie haben es an der Longe schon gemerkt, sie wird hauptsächlich beim Longieren eingesetzt, um dem Pferd durch ein Kommando mitzuteilen, was es machen soll. Beim Reiten dagegen ist sie eher verpönt. Trotzdem kann es sinnvoll sein, das Pferd zum Beispiel mit der Stimme zu loben, statt wie oft üblich den Hals zu klopfen. Denn dabei geben sie die Verbindung zum Maul jedesmal auf, die sie ja eigentlich halten wollen. Hüten sie sich aber davor, das Pferd totzuquatschten. Wenn sie in einem Schwall reden, wird das Pferd abschalten und sich nicht mehr darum kümmern. Es wird ihr Lob dazwischen nicht mehr zur Kenntnis nehmen und auch das Kommando überhören, das vielleicht im Redeschwall versteckt war.

Generell gilt für alle Hilfen, dass sie nie alleine gegeben werden. Erst im Zusammenspiel aller Hilfen wird daraus eine Aufforderung an das Pferd, etwas so und nicht anders zu tun. Das ist wie eine fremde Sprache, die man auch erst lernen muss. Es dauert seine Zeit, bis man sich damit wohl fühlt, besonders, wenn man zusätzlich noch mit der Aussprache kämpft, in ihrem Fall der Koordination auf dem sich bewegenden Pferd.

Hufschlagfiguren

Ja wo kringeln sie denn? Sicher ist ihnen schon aufgefallen, dass Dressurreiter immer ganz eigenartige Linien und Kreise reiten. Deshalb nennen mache Reiter anderer Disziplinen sie auch verächtlich Kringelreiter. Da die Dressur die Grundlage der korrekten Ausbildung und Gymnastizierung eines jeden Pferdes ist, handelt es sich dabei offenbar um Leute, die kein Interesse daran haben, ihren Pferden zu ermöglichen, sie durch die Gegend zu tragen, ohne dabei Schaden zu nehmen. Das wollen sie selbstverständlich keinem Pferd antun, und brauchen sich daher um deren Meinung nicht zu scheren.

Die verschiedenen Hufschlagfiguren sind nicht etwa dazu erfunden worden, um die Reiter zu malträtieren oder das stupide Herumreiten in einer Halle im Winter erträglicher zu machen, wie manche Reiter glauben. Sie haben vor allen Dingen eine gymnastizierende Wirkung für das Pferd, sofern sie korrekt geritten werden. Manche Menschen machen Gymnastikübungen um beweglich zu bleiben, das erfüllt denselben Zweck. Und das ist gar nicht so einfach! Versuchen sie einmal einen wirklich runden Zirkel von 20 Metern Durchmessern zu reiten. Daran scheitern sehr viele Reiter, machen sie sich also nichts daraus. Es ist wie immer beim Sport: gewinnen ist nicht alles, aber bemühen sollte man sich schon.

Weil sie erst noch Reiten lernen wollen, soll der Sinn der Übungen und die Wirkung auf das Pferd hier zunächst keine Rolle spielen. Das allein hat schon unzählige Bücher gefüllt und hilft ihnen hier nicht weiter.

Natürlich kann man auch einfach so herumreiten. Das hat den Vorteil, dass eventuelle Mitreiter keine Ahnung haben, wo sie als nächstes auftauchen könnten und das nervt. Vielleicht ertragen sie es stoisch und sagen nichts. Wie man dann aber hinter ihrem Rücken über sie schimpfen wird, ist nicht sehr schmeichelhaft.

Davon abgesehen werden sie so nie wirklich lernen, ein Pferd dahin zu lenken, wo sie hinwollen. Hufschlagfiguren zwingen sie dazu, einen bestimmten Punkt anzupeilen. Was noch viel schlimmer ist, sie merken genau, wenn sie nicht genau dort ankommen, wo sie hinwollten. Das ist am Anfang natürlich frustrierend, aber mit entsprechender Übung lernen sie so, das Pferd gezielt zu kontrollieren. Das Pferd einfach irgendwie in eine ungefähre Richtung laufen zu lassen hat mit Reiten nichts zu tun, und das wollen sie ja lernen. Also folgen sie den zunächst den großen Linien, deren Sinn und Zweck sich ihnen später im Laufe ihrer reiterlichen Ausbildung hoffentlich erschließen wird.

Die Reitbahn ist mit diversen Markierungen versehen, ähnlich wie auf der Straße Hinweisschilder stehen. Das sind die Bahnpunkte. Mit den eigentlichen Punkten markiert man die Zirkel, sie nennt man daher auch Zirkelpunkte. Dazu kommen noch diverse Buchstaben.

Es zwei verschiedene Größen von Reitbahnen. Die kleinere ist 40 mal 20 Meter groß, die größere misst 60 mal 20 Meter. Auf diesen Abmessungen finden auch Dressurprüfungen statt, wo vorgegebene Lektionen innerhalb dieses Vierecks geritten werden müssen. Auf dem größeren Viereck finden nur Prüfungen der fortgeschrittenen Klassen statt, aber natürlich kann man auch als Anfänger in einer großen Halle reiten und üben. Und mehr Platz bietet sie auch, wenn mehrere Reiter in der Bahn sind.

Sie brauchen die Reihenfolge der Punkte noch nicht zu wissen, sie wird erst relevant, wenn sie Turnierambitionen haben und eine Prüfung reiten möchten. Eselsbrücken, mit denen man sich die Reihenfolge der Punkte merken kann:

Mein bester Freund Alfred kann einen heben. (ausgehend von Punkt C)

Alte Kühe essen Heu, Cälber mögen besseres Futter.

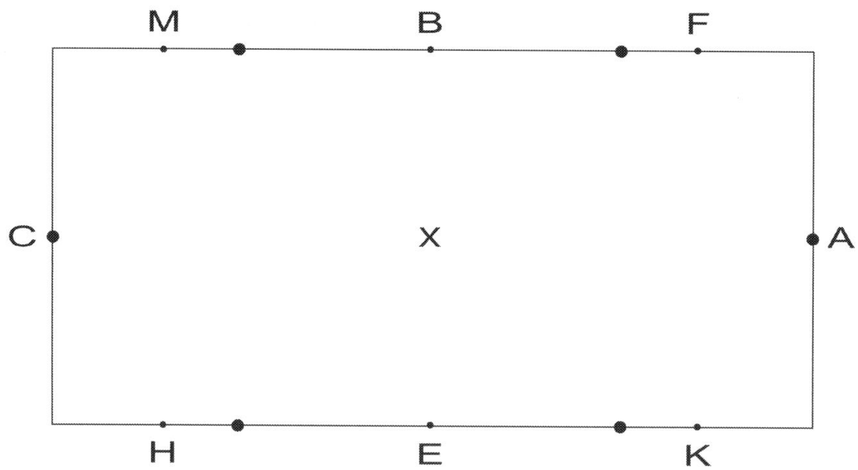

Hier einige der Bahnfiguren, die auch ein Einsteiger kennen und natürlich auch reiten sollte, wenn der Reitlehrer keinen bestimmten Weg vorgibt.

Ganze Bahn

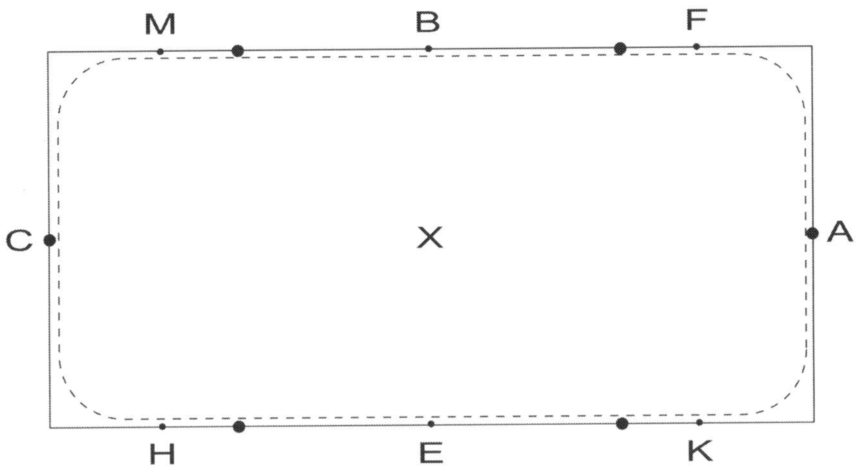

Man reitet außen an der Begrenzung der Reitbahn entlang. In die Ecken reitet man möglichst tief hinein.

Halbe Bahn

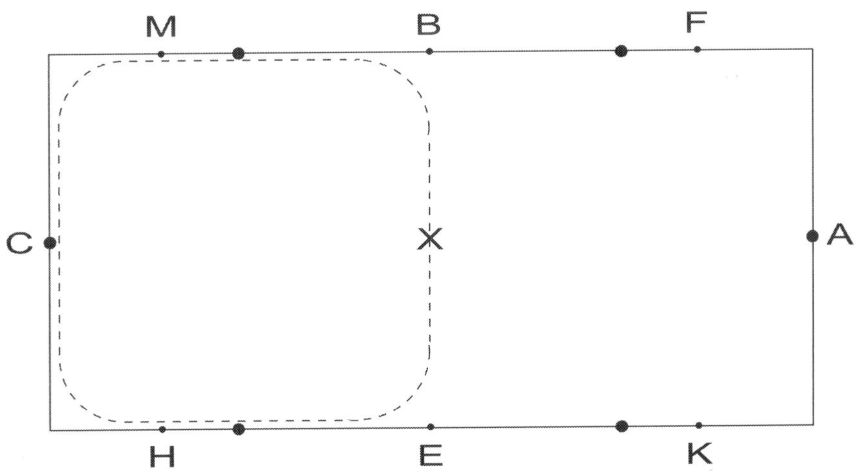

Wie der Name schon sagt, biegt man in der Mitte der langen Seite ab und reitet nur um die Hälfte der Bahn. Die Ecken werden auch an der offenen Seite ebenso ausgeritten wie auf der geschlossenen.

Zirkel, durch den Zirkel wechseln

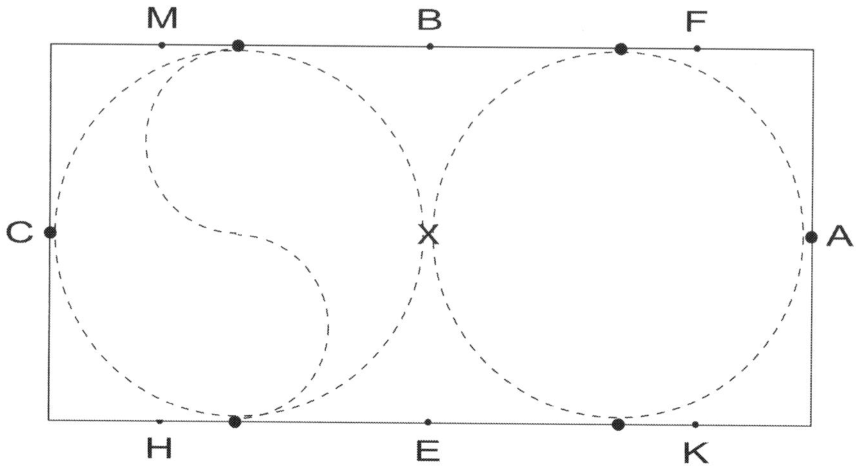

Der Zirkel ist rund, im Gegensatz zum verbreitet gerittenen Ei. Die Ecken der Reitbahn werden nicht mehr ausgeritten, sondern so abgerundet, dass die Zirkellinie wirklich rund wird. Ein Zirkel beginnt immer in der Mitte der kurzen Seite. Sind sie vorher also ganz Bahn geritten, so wird die erste Ecke noch ausgeritten, die zweite gehört schon zum Zirkel und muss entsprechend abgerundet werden.

Um auf dem Zirkel die Hand zu wechseln, reitet man hindurch. Man beginnt an einem Zirkelpunkt und reitet eine halbe Volte (einen halben Kreis) von 10m Durchmesser. In der Mitte des Zirkels stellt man das Pferd in die andere Richtung und reitet wiederum eine halbe Volte von ebenfalls 10m. Trifft man so wieder auf die äußere Zirkellinie, reitet man in die entgegengesetzte Richtung.

Durch die ganze Bahn wechseln

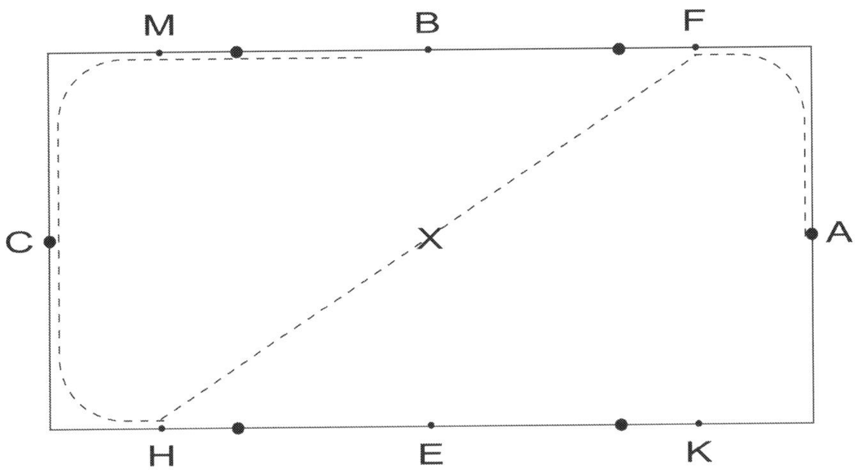

Nach der kurzen Seite wendet man am ersten Buchstaben (=Wechselpunkt) ab und avisiert den Punkt vor der kurzen Seite auf der gegenüberliegenden Seite.

Durch die halbe Bahn wechseln

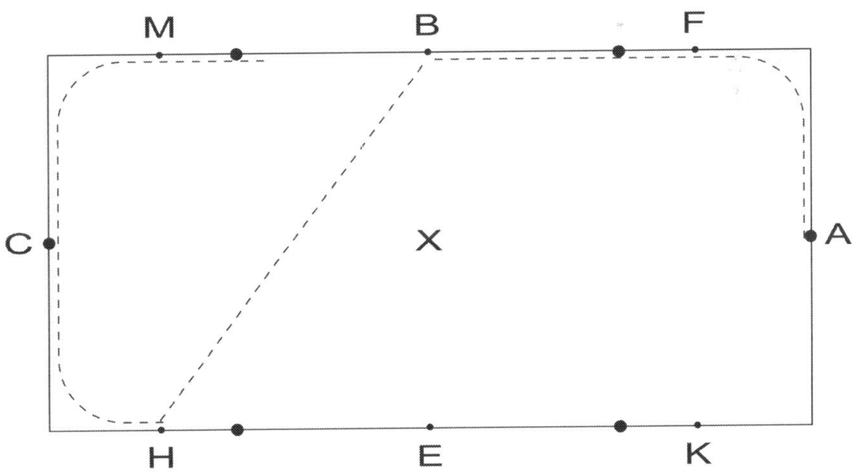

Nach der kurzen Seite wendet man am ersten Buchstaben (=Wechselpunkt) ab und avisiert den Punkt in der Mitte der gegenüberliegenden langen Seite.

Durch die Länge der Bahn wechseln

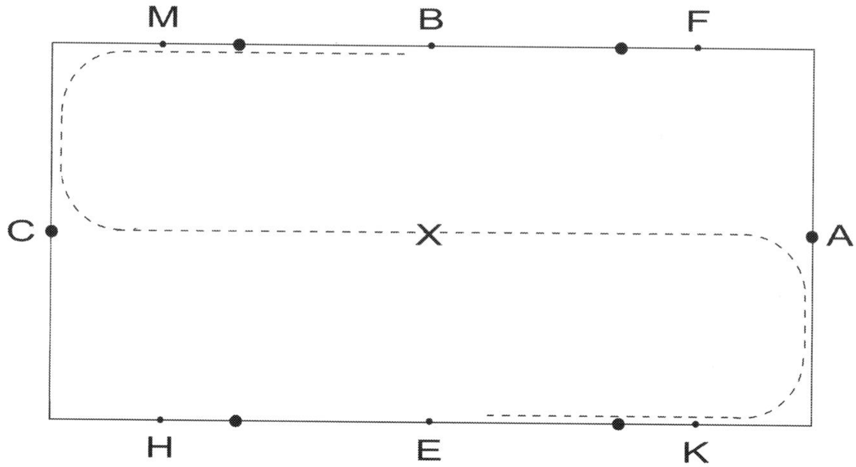

In der Mitte der kurzen Seite wendet man auf die Mittellinie ab und reitet bei Erreichen der gegenüberliegenden kurzen Seite in die andere Richtung. Reitet man stattdessen in die ursprüngliche Richtung, nennt man das durch die Länge der Bahn reiten.

Einfache Schlangenlinie

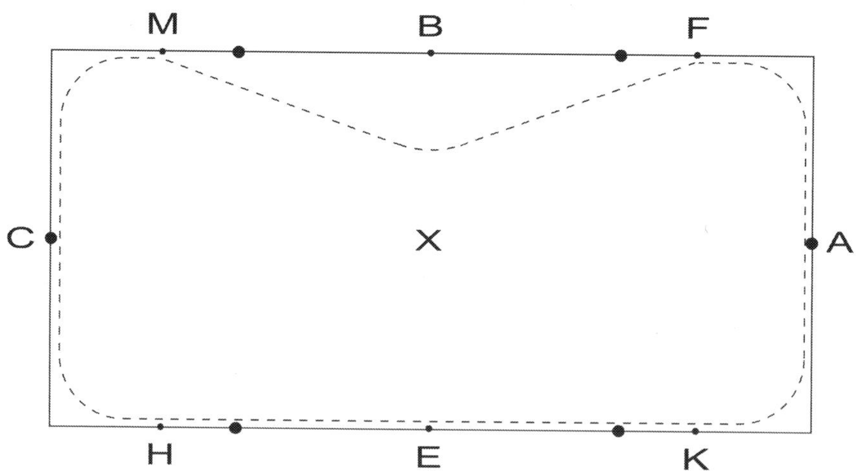

Hinter der kurzen Seite wendet man am ersten Buchstaben ab und reitet einen gleichmäßigen Bogen, dessen höchster Punkt in der Mitte zwischen der Mitte der langen Seite und X liegt (= 5 m vom Hufschlag entfernt).

Doppelte Schlangenlinie

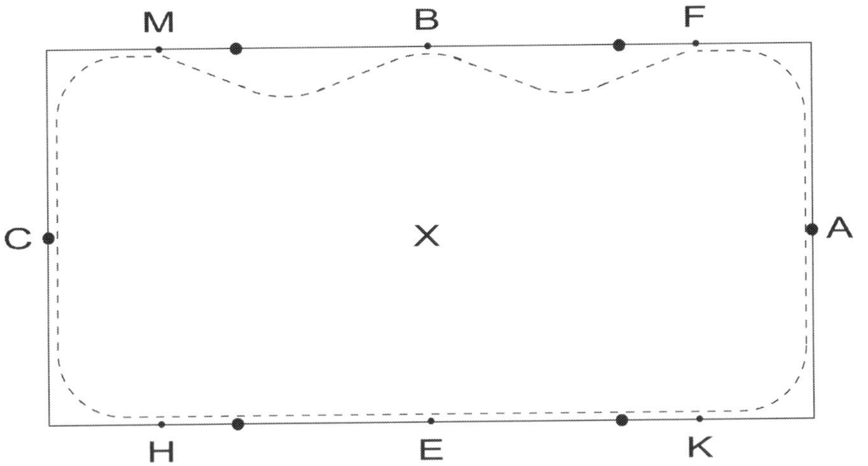

Hier reitet man zwei gleichmäßige Bögen, deren höchster Punkt 2,5 m vom Hufschlag entfernt ist. Hinter der kurzen Seite wendet man am ersten Buchstaben ab und erreicht in der Mitte der langen Seite wieder den Hufschlag. Der zweite Bogen beginnt in der Mitte der langen Seite und endet am Buchstaben vor der kurzen Seite.

Volte

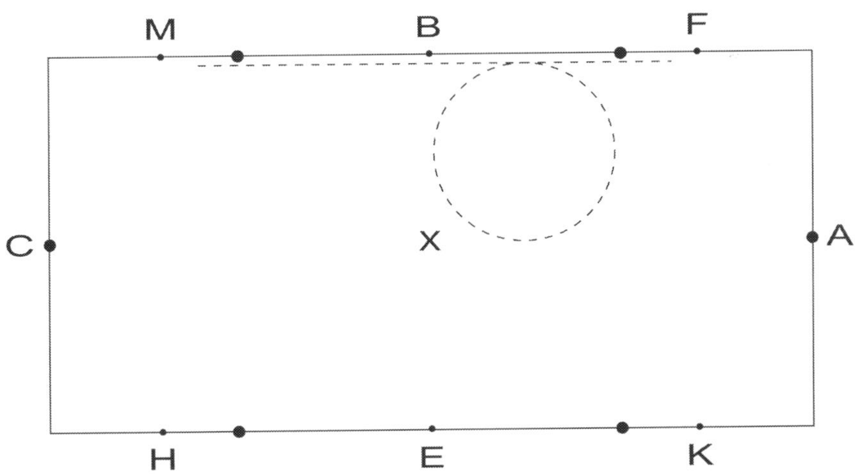

Volten sind (runde!) Kreise mit einem Durchmesser von 10, 8 oder 6m. Bei 10m gehen sie bis zur Mittellinie. Fortgeschrittene Reiter können die Volten auch entsprechend kleiner reiten.

Aus der Ecke kehrt

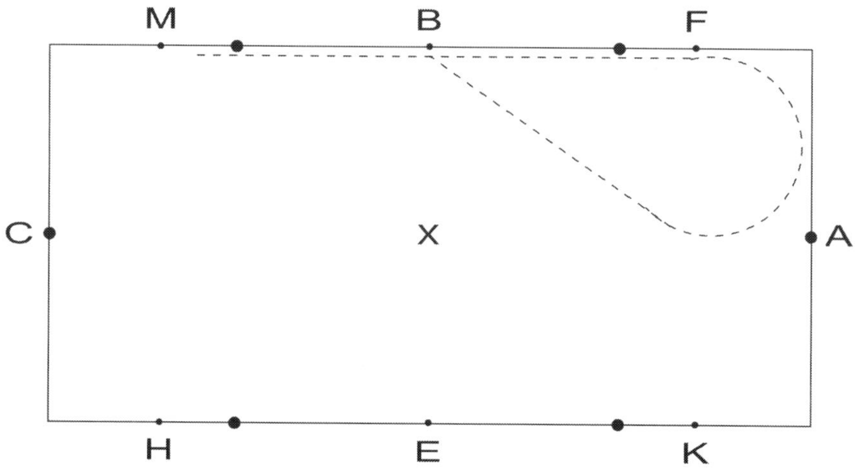

Am Ende der langen Seite beginnt man eine Volte von 10 m Durchmesser. Am höchsten Punkt (= an der Mittellinie) visiert man die Mitte der langen Seite an, wo man wieder den Hufschlag erreicht. Fortgeschrittene Reiter können die Volte auch 8 oder 6 m groß reiten und erreichen den Hufschlag dann entsprechend früher.

Schlangenlinien durch die Bahn 3 Bogen

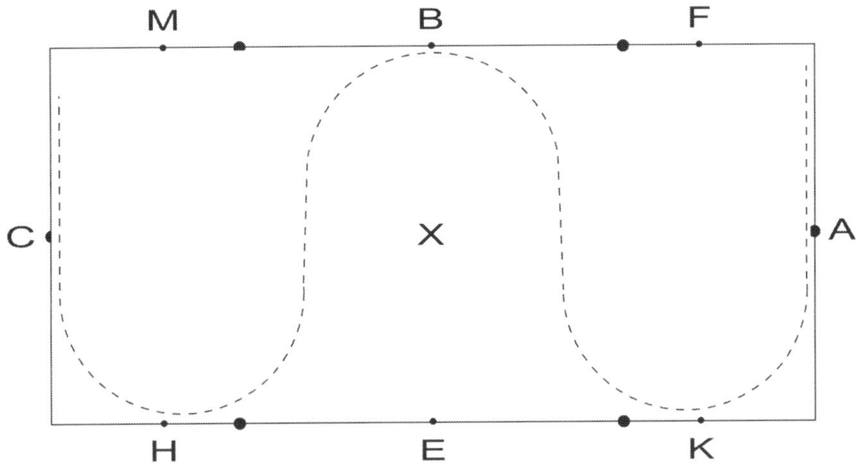

Schlangenlinien beginnen immer in der Mitte der kurzen Seite. Die Linienführung sollte möglichst gleichmäßig sein. Bei einer ungeraden Anzahl von Bögen reitet der Reiter am Ende in dieselbe Richtung wie zuvor, dabei wird in der Mitte einer langen Seite der Hufschlag erreicht.

Schlangenlinien durch die Bahn 4 Bögen

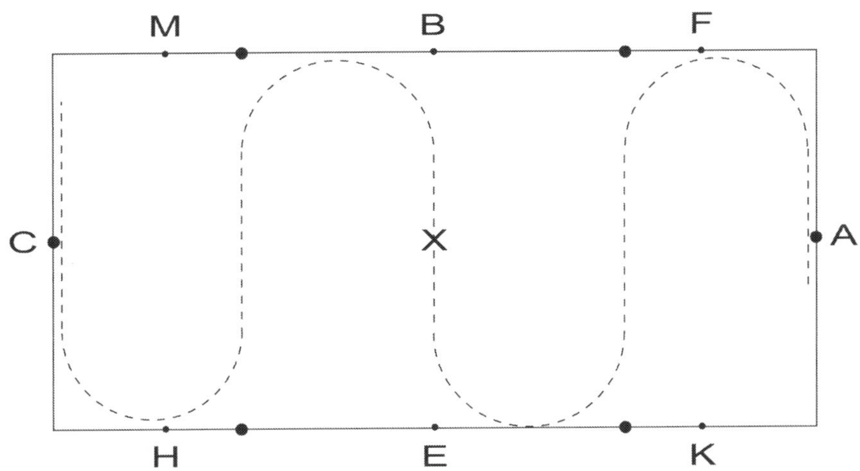

Bei einer geraden Anzahl von Bögen reitet der Reiter am Ende in die entgegengesetzte Richtung wie zuvor, dabei wird auf der Linie zwischen B und E geritten.

Bahnregeln

Sicher haben sie es schon gemerkt: wenn mehrere Reiter in der Bahn sind, herrscht an manchen Stellen viel Verkehr. Die Halle kann noch so groß sein, irgendwie trifft man sich ständig. Wenn man nun immer damit beschäftigt wäre, zu schauen, wo die anderen gerade sind und eventuell hinreiten könnten, würde man kaum zum Reiten kommen. Aus diesem Grund hat man, wie auf der Straße, allgemein gültige Verkehrsregeln festgelegt, sie heißen passenderweise Bahnregeln.

Meist werden diese mit mehr oder weniger komplizierten Formulierungen erklärt. Wenn man auf der rechten Hand reitet, hat man Vorfahrt, auf der linken muss man ausweichen, aber nicht, wenn einem jemand auf dem Zirkel entgegenkommt, dann muss der ausweichen, im Schritt muss man den ersten Hufschlag freilassen, und so weiter. Alles Verstanden? Genau. Also noch mal von vorn.

Im Prinzip ist es wie auf der Straße. Jeder weicht nach rechts aus. Und wenn ihnen jemand entgegenkommt, der nicht weiter rechts reiten kann, zum Beispiel, weil er schon ganz außen reitet, dann weichen sie so weit aus, so dass er noch gefahrlos (auch für sie!) zwischen ihnen und der Wand durchkommt. Eigentlich logisch, oder? Vorfahrt hat in der Bahn nicht der, der von rechts kommt, sondern der, der auf der äußeren Bahn reitet (ganze Bahn). Wer auf einem Zirkel reitet muss zwar nicht anhalten, aber Platz machen. Und wer Schritt geht, macht Platz für die schnelleren Reiter und reitet ein Stück von der Wand entfernt. Sehen sie, es ist gleich viel weniger kompliziert und eigentlich ganz logisch.

Wie auch beim Autofahren braucht man natürlich etwas Übung, bis einem das in Fleisch und Blut übergegangen ist. Wenn sie noch unsicher sind, dann ist es sinnvoll, das zu sagen. Die anderen Reiter haben sicher kein Problem damit, ihnen Platz zu machen. Viel schlimmer wäre es, wenn ihre Mitreiter nie wüssten, ob sie jetzt noch rechtzeitig ausweichen oder nicht. Das ist nervig und man ärgert sich über den vermeintlich unhöflichen oder rücksichtslosen Reiter.

Und wie geht es jetzt weiter?

Sie haben erfahren, worauf sie bei der Suche nach einer Reitschule und einem Reitlehrer achten sollten. Die wichtigsten Ausrüstungsgegenstände sind ihnen bekannt und sie wissen, wie man ein Pferd pflegt und sattelt. Zumindest theoretisch kommen sie auch schon auf das Pferd und haben eine Ahnung, was dort oben so alles zu beachten ist. Wenn sie nun noch immer Reiten lernen wollen, kommen sie jetzt um die Praxis nicht mehr herum. Begeben sie sich also auf die Suche und starten sie ins Abenteuer.

Sie können sicher sein, bis sie halbwegs fest im Sattel sitzen, werden einige Monate, vermutlich eher Jahre vergehen. Das sollte sie nicht davon abhalten, ihrem Traum vom Reiten nachzugehen, denn wie bei vielen Dingen ist auch hier der Weg das Ziel. Sie werden viele neue Freunde finden und ihre Freizeit wird ausgefüllt sein. Aber Vorsicht: wenn sie das Virus erst einmal gepackt hat, dann gibt es kein Zurück mehr!

Beherzigen sie nur folgendes: schaffen sie eine gute Grundlage mit einer ordentlichen Dressurausbildung. Sich und ihrem Pferd zuliebe, auch wenn es vielleicht nicht ihr eigenes ist. Sie und das Pferd möchten gesund bleiben und das Risiko von Verletzungen minimieren, also achten sie auf Sicherheit im Umgang mit dem Pferd und beim Reiten.

Was auch immer sie tun oder lassen, das faire Verhalten dem Pferd gegenüber ist oberstes Gebot, denn es ist ihnen ausgeliefert und kann sich nur bedingt verständlich machen. Also achten sie auf die Signale und denken sie nach.

Besorgen sie sich Literatur, und bilden sie sich weiter. Zunächst sinnvoll ist eine Reitlehre, wo sie die wichtigsten Dinge, wie zum Beispiel die korrekte Hilfengebung für bestimmte Lektionen, jederzeit noch einmal nachlesen können. Nehmen sie regelmäßig Reitstunden, damit sich die großen und kleinen Fehler, die jeder Normalsterbliche macht, nicht festsetzen und letztendlich dem Pferd schaden können.

Schnuppern sie in alles rein, was ihnen attraktiv erscheint. Egal, ob sie im Gelände bummeln wollen, ihr erworbenes Können auf Turnieren mit anderen messen oder hoch springen wollen. Haben sie Spaß an und mit den Pferden.

32261572R00043

Printed in Poland
by Amazon Fulfillment
Poland Sp. z o.o., Wrocław